Python-Tutorial

Programmieren lernen mit der Programmiersprache Python

Kevin Scholze

Bibliografische Information der Deutschen Nationalbibliothek:
Die Deutsche Nationalbibliothek verzeichnet diese Publikation in der Deutschen Nationalbibliografie;
detaillierte bibliografische Daten sind im Internet über http://dnb.dnb.de abrufbar.

Herstellung und Verlag: BoD – Books on Demand, Norderstedt

ISBN: 978-3-7568-1103-8

Inhaltsverzeichnis

1   **Einführung** **7**

   1.1 Warum programmieren lernen? 7

   1.2 Warum Python? 7

   1.3 Warum dieses Buch? 8

   1.4 Python installieren 8

   1.5 Entwicklungsumgebung installieren 10

   1.6 Der erste Code 14

2   **Variablen** **19**

   2.1 Deklaration und Initialisierung von Variablen 19

   2.2 Variablen für Nutzereingaben verwenden 20

   2.3 Typumwandlung 21

   2.4 Zuweisungsoperator und arithmetische Operatoren 23

   2.5 Variablen benennen 24

   2.6 Programmieraufgabe 1 26

   2.7 Lösungsvorschlag Programmieraufgabe 1 27

3   **Datenstrukturen** **29**

   3.1 Listen 29

   3.2 Listen verarbeiten 31

   3.3 Dictionaries 33

   3.4 Sets 34

   3.5 Tupel 36

   3.6 Mehrdimensionale Datenstrukturen 37

   3.7 Programmieraufgabe 2 40

   3.8 Lösungsvorschlag Programmieraufgabe 2 41

4   **Kontrollstrukturen** **43**

   4.1 Verzweigungen 43

   4.2 Operatoren für Kontrollstrukturen 45

   4.3 While-Schleife 47

   4.4 For-Schleife 48

   4.5 Break und Continue 50

   4.6 For-Schleife und Datenstrukturen 52

   4.7 Programmieraufgabe 3 55

   4.8 Lösungsvorschlag Programmieraufgabe 3 56

5   String-Funktionen, Formatierung, Datum und Zeit **59**

5.1   String-Funktionen 59

5.2   Zahlen formatieren 60

5.3   Texte formatieren 62

5.4   Datums- und Zeitwerte erzeugen 63

5.5   Datum verarbeiten und Zeiten berechnen 65

5.6   Programmieraufgabe 4 68

5.7   Lösungsvorschlag Programmieraufgabe 4 69

6   Funktionen **71**

6.1   Eigene Funktionen 71

6.2   Rückgabewerte nutzen 73

6.3   Funktionen aus anderen Modulen importieren 75

6.4   Standardbibliotheks Funktionen 77

6.5   Globale Variablen 79

6.6   Programmieraufgabe 5 81

6.7   Lösungsvorschlag Programmieraufgabe 5 83

7   Objektorientierte Programmierung **87**

7.1   Eigene Klassen erstellen, Klassenvariablen 87

7.2   Konstruktor, Objekte der Klasse erstellen, Instanzvariablen 88

7.3   Klassenmethoden, Instanzmethoden 90

7.4   Datenkapselung 91

7.5   Vererbung 93

7.6   Programmieraufgabe 6 97

7.7   Lösungsvorschlag Programmieraufgabe 6 101

8   Grafische Benutzeroberflächen **106**

8.1   Erstes Fenster 106

8.2   Label und Button 107

8.3   Button mit Funktion verknüpfen 109

8.4   Color-Chooser 110

8.5   Eingabefelder 112

8.6   Layout I – Grid-System 115

8.7   Layout II – Place-System 117

8.8   Icon und Image 119

8.9   Frames und Radiobuttons am Beispiel eines Taschenrechners 120

8.10   Programmieraufgabe 7 123

8.11   Lösungsvorschlag Programmieraufgabe 7 128

9 Fehlerbehandlung **130**

9.1 Fehlerarten 130

9.2 Syntaxfehler beheben.. 131

9.3 Laufzeitfehler beheben.. 132

9.4 Semantikfehler beheben, Debug-Modus 136

10 Stichwortverzeichnis **140**

1 Einführung

Herzlich Willkommen!

In diesem Tutorial lernst du die Grundlagen der Programmiersprache Python und wie du mit PyCharm eigene Programme entwickeln kannst.

1.1 Warum programmieren lernen?

Sehr viele Gründe sprechen dafür, programmieren zu lernen.

Schon die zunehmende Digitalisierung im Arbeitsleben spricht dafür, sich näher mit dem Thema zu beschäftigen, wie ein Computerprogramm erstellt wird. Mittlerweile ist die Bandbreite an Möglichkeiten, als Programmierer tätig zu werden, riesig. Ob ansprechende Desktopprogramme, mobile Apps, die Spieleentwicklung, selbstfahrende Autos, Roboter, komplexe (eingebettete) Betriebssysteme oder der einfache Taschenrechner; in nahezu allen Lebensbereichen spielen Computersysteme und -Programme eine wichtige Rolle. Dementsprechend wird der Bedarf an Programmierern auf dem Arbeitsmarkt auch in Zukunft hoch bleiben.

Als Programmierer hast du wie in kaum einem anderen Beruf die Möglichkeit, mit so gut wie keinem Startkapital, dich selbständig zu machen. Eigentlich benötigst du nur deinen Computer und die nötige Zeit. Und natürlich auch eine kreative Idee, Durchhaltevermögen, Frustrationstoleranz, etc... Im Gegensatz zu – beispielsweise einem selbständigen Pizzabäcker – brauchst du dir aber um die Miete für Geschäftsräume, Wareneinkäufe, Mitarbeiter und sonstige Fixkosten keine Sorgen zu machen. Eine eigene App könntest du beispielsweise auch nebenberuflich entwickeln.

Programmieren ist eine abwechslungsreiche, kreative Tätigkeit, die dich immer fit im Kopf hält. Als Programmierer musst du Probleme lösen und dabei auch verschiedene Wege ausprobieren, um zum gewünschten Ergebnis zu kommen. Und oft stellst du auch einmal mittendrin fest, dass eine andere Lösung vielleicht besser wäre. Dabei entwickelst du immer etwas Eigenes. Dein Projekt, dein Programm, deine Lösung.

Abgesehen davon bringst du einem Computer bei, genau das zu tun, was du willst! Und das ist schon für sich genommen ziemlich cool...

1.2 Warum Python?

Python ist eine Allzweck-Programmiersprache, die sich für viele verschiedene Anwendungsgebiete eignet. Vor allem für Webentwicklung, Spieleentwicklung, Algorithmen für künstliche Intelligenzen und Data Science wird Python verwendet. Die Programmiersprache ist der Praxis weit verbreitet. Kenntnisse in der Programmiersprache Python sind also in vielen Unternehmen gefragt.

Python ist eine einfach und übersichtlich gehaltene Programmiersprache, die mit einer leicht lesbaren Syntax überzeugt. Auch Programmieranfänger können den Quellcode schnell verstehen und eigene Programme früh entwickeln. Python gilt auch als einsteigerfreundliche Programmiersprache.

Python ist eine Programmiersprache, die funktionales und objektorientiertes Programmieren ermöglicht. Das erleichtert den Einstieg in die Programmierung, weil nicht sofort mit der Objektorientierung begonnen werden muss, wie beispielsweise bei Java. Der Einstieg in weitere objektorientierte Programmiersprachen fällt aber deutlich leichter, wenn man die Grundlagen der objektorientierten Programmierung in Python beherrscht.

1.3 Warum dieses Buch?

Um in Python programmieren zu können, wirst du in diesem Tutorial die Grundlagen der Programmiersprache Schritt für Schritt lernen und dein Wissen mit jeder Lektion weiter aufbauen. Das Tutorial ist so gegliedert, dass die einzelnen Abschnitte aufeinander aufbauen und es dir ermöglichen werden, immer komplexere Problemlösungen zu bewältigen. In verschiedenen Programmieraufgaben wirst du dein Wissen an konkreten Beispielen anwenden können, indem du eigene Programme erstellst und Probleme selbständig lösen wirst. Dabei fangen wir bei Null an, sodass du keinerlei Vorkenntnisse brauchst.

Und warum „Tutorial"?

Ich habe in diesem Buch die Inhalte auf das – meiner Meinung nach – absolut Wesentliche konzentriert. Du wirst also nicht mit theoretischem Hintergrundwissen „erschlagen", sondern lernst Programmieren nah an der Funktionsweise des Codes. Ich nenne dieses Buch deshalb auch Tutorial...

Und jetzt kann es endlich losgehen. Bei der Arbeit mit diesem Tutorial wünsche ich dir viel Erfolg und natürlich auch viel Spaß beim Programmieren!

1.4 Python installieren

Python können wir kostenlos auf der offiziellen Python-Webseite „https://www.python.org/" herunterladen. Unter dem Reiter „Downloads" finden wir die aktuelle Version für unser Betriebssystem:

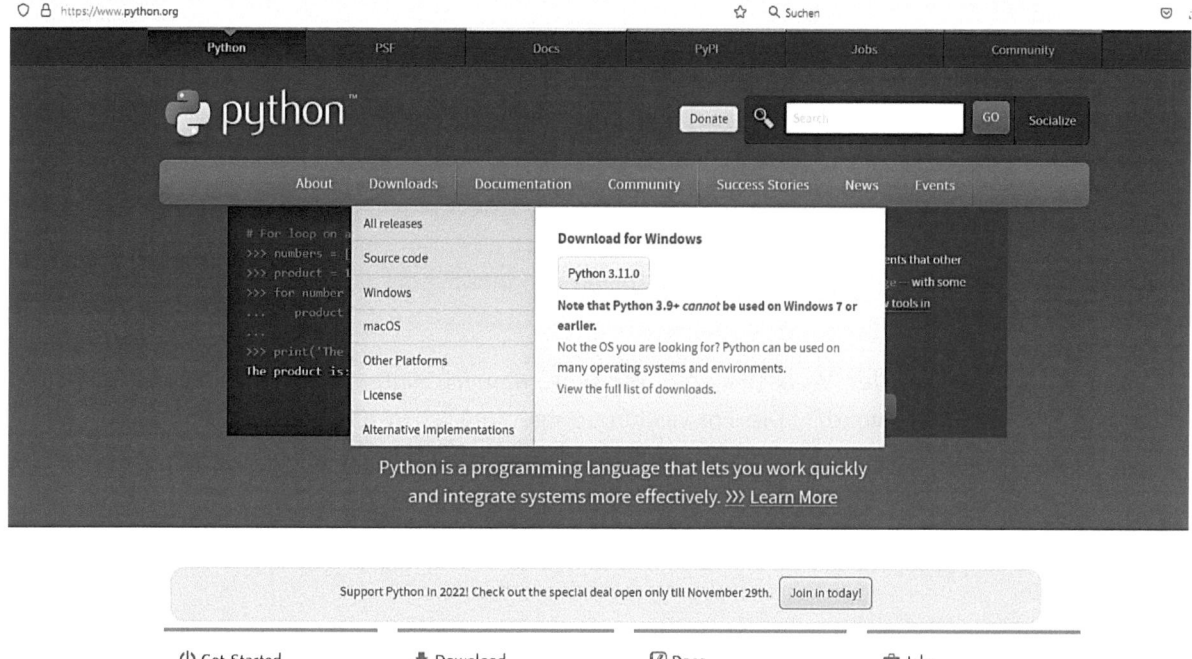

Die heruntergeladene Datei führen wir aus. Die Option „Add python.exe to PATH" sollte hier ausgewählt, also das Häkchen gesetzt worden sein:

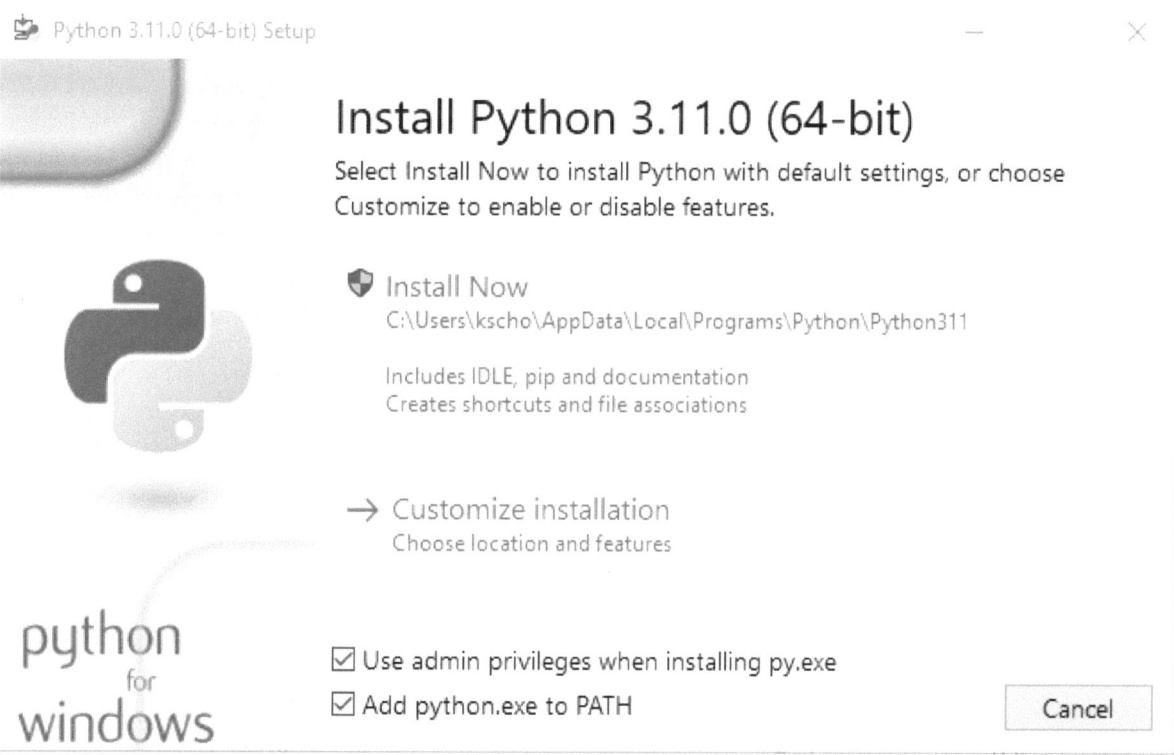

Danach klicken wir auf „Install Now". Ansonsten müssen wir bei der Installation nicht viel beachten.

1.5 Entwicklungsumgebung installieren

Für das Programmieren in Python empfehle ich die Entwicklungsumgebung PyCharm.

PyCharm ist eine relativ einfach gehaltene und übersichtlich gestaltete Entwicklungsumgebung, die das Programmieren in Python durch viele Hilfestellungen wie intelligente Codevervollständigung, Fehlerhervorhebung und Coderefaktorierung deutlich vereinfacht.

PyCharm finden wir auf der Webseite von JetBrains, nämlich unter dem Link „https://www.jetbrains.com/pycharm/download/". Die Entwicklungsumgebung ist in einer kostenlosen Community- und einer gebührenpflichtigen Professional-Version verfügbar:

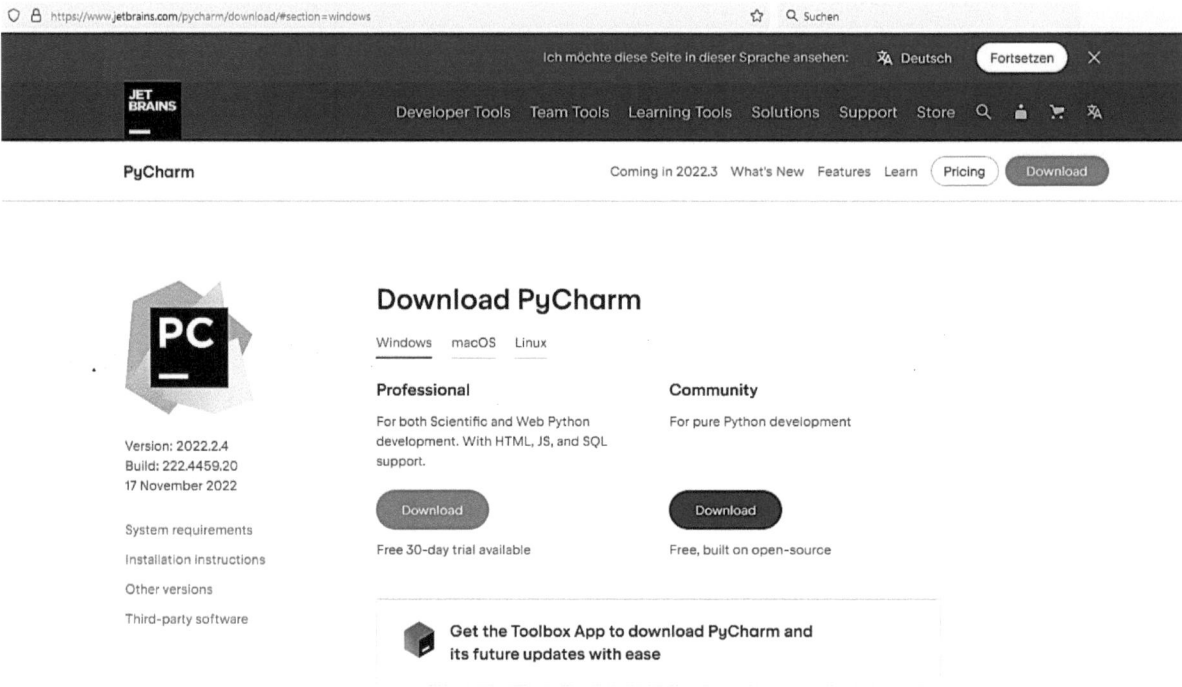

Die kostenlose Community-Version reicht für unsere Zwecke völlig aus. Wir laden die Datei herunter und führen diese anschließend aus.

Bei den Installationsoptionen ist „Add „bin " folder to the PATH" empfehlenswert. Praktisch sinnvoll ist auch der Desktop-Shortcut:

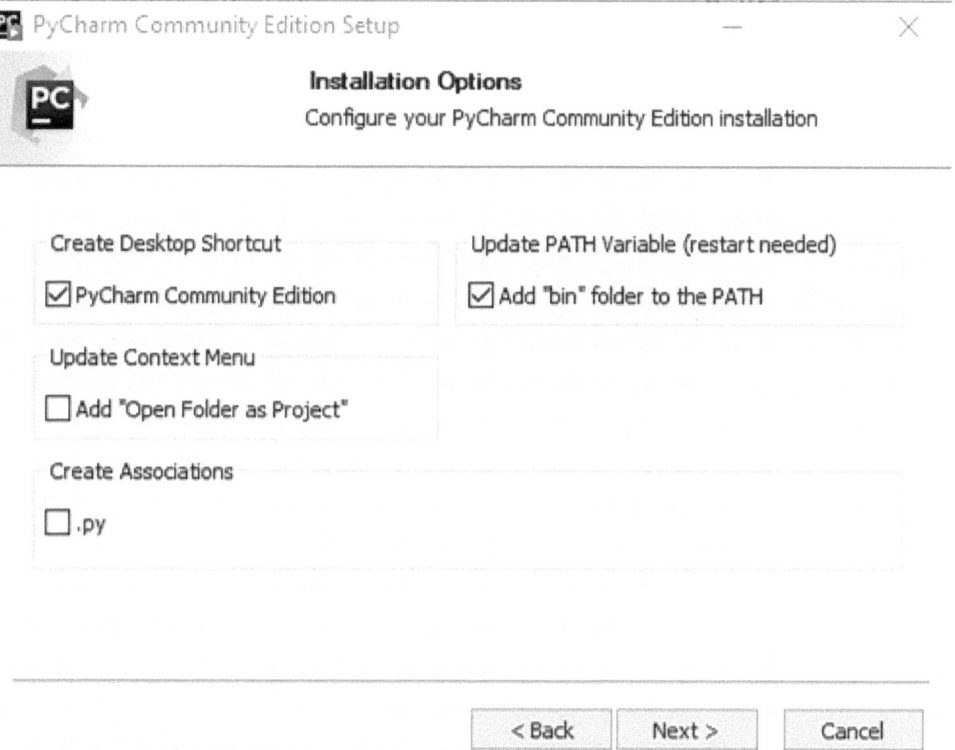

Ansonsten müssen wir auch bei der Installation von PyCharm nicht viel beachten.

Um PyCharm nutzen zu können, müssen wir nach der Installation unseren PC neu starten, worauf bei der Installation hingewiesen werden dürfte.

Nachdem wir PyCharm zum ersten Mal öffnen, erstellen wir unser erstes Projekt per Mausklick auf den entsprechenden Button. Im nächsten Fenster geben wir den Speicherort des Projekts oben neben „Location" an. In meinem Beispiel heißt das Projekt „PythonTutorial" und befindet sich im Ordner „PycharmProjekts". Wenn wir den Pfeil darunter anklicken, können wir weitere Einstellungen vornehmen. Hier ändern wir die Voreinstellung und aktivieren die Option „Previously configured interpreter" und nutzen den aktuellen Interpreter (in meinem Fall bei Erstellung dieses Tutorials Python 3.8):

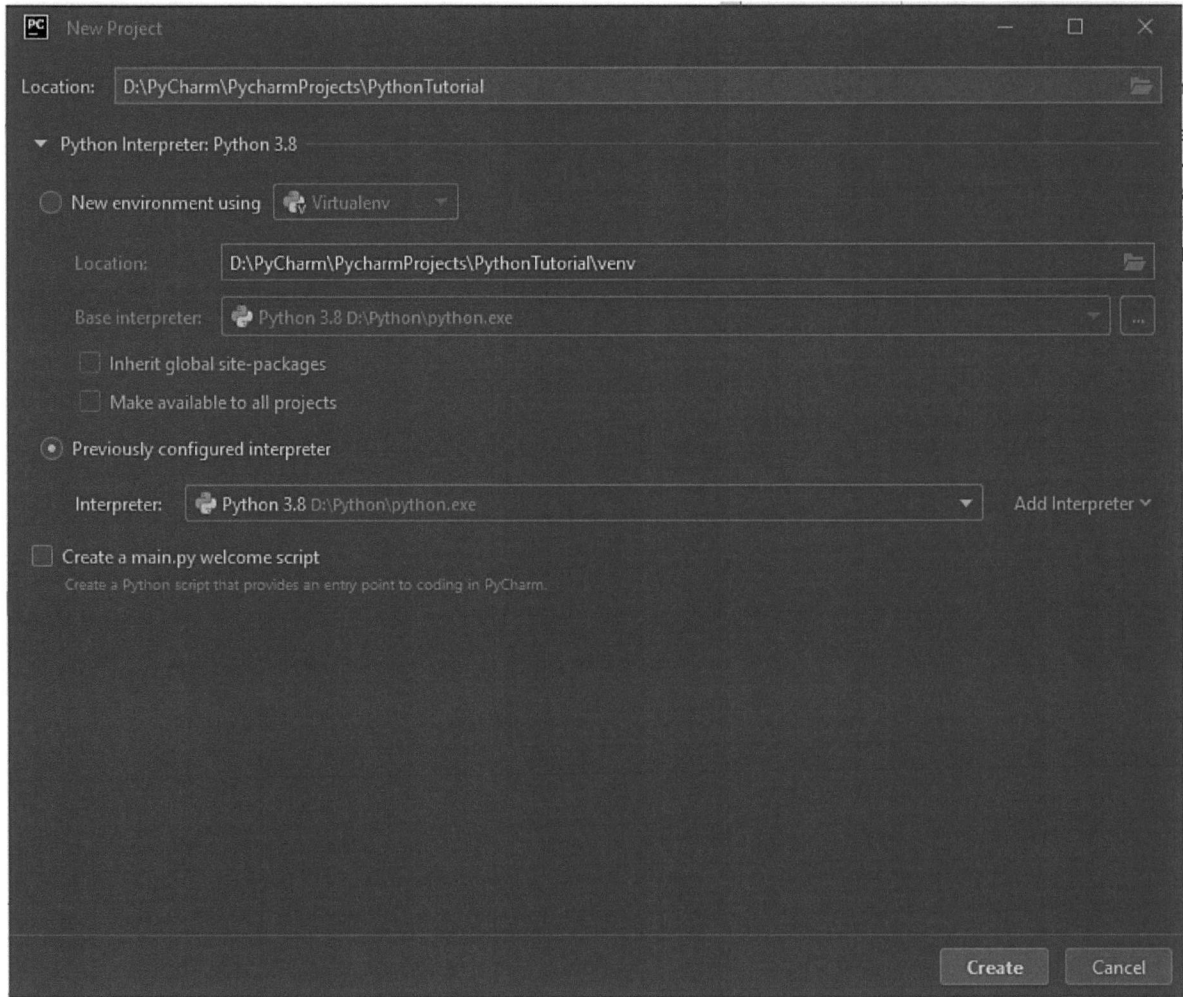

Danach erstellen wir unser erstes Projekt mit Klick auf den Button „Create".

Nachdem wir unser erstes Projekt erstellt haben, sieht unsere Entwicklungsumgebung wie folgt aus:

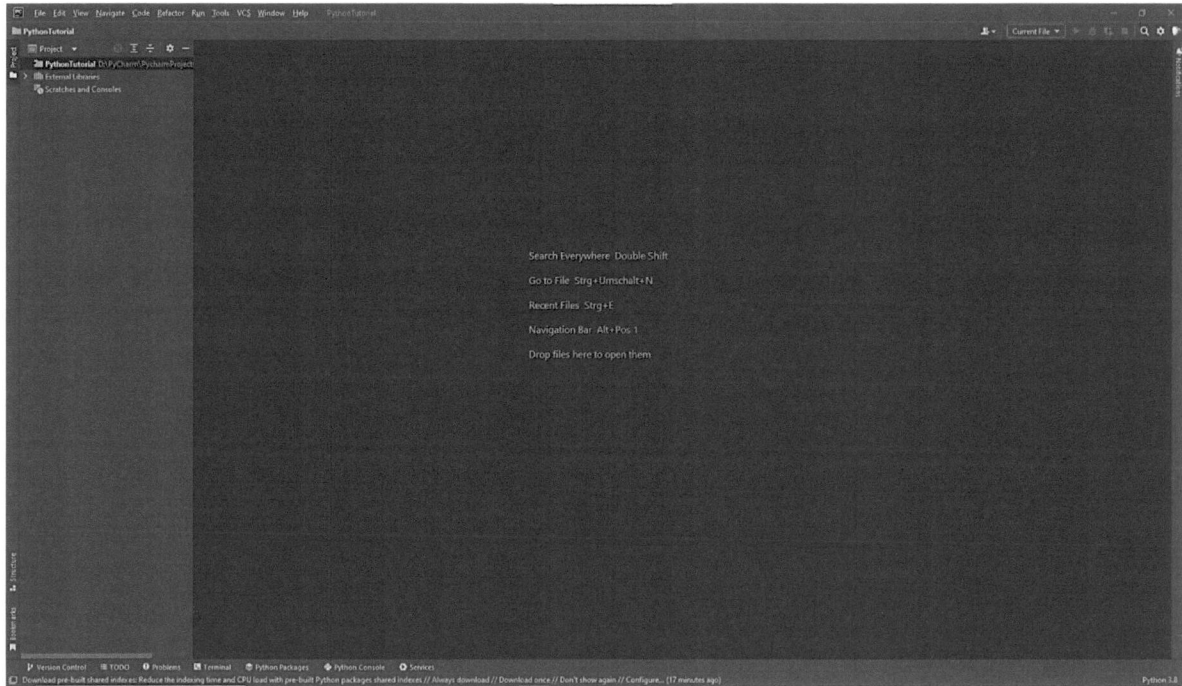

Unter dem Menüpunkt „File", „New" oder mit Rechtsklick auf den Projektordner können wir Unterverzeichnisse (Directory) und Python-Dateien (Python File) erstellen:

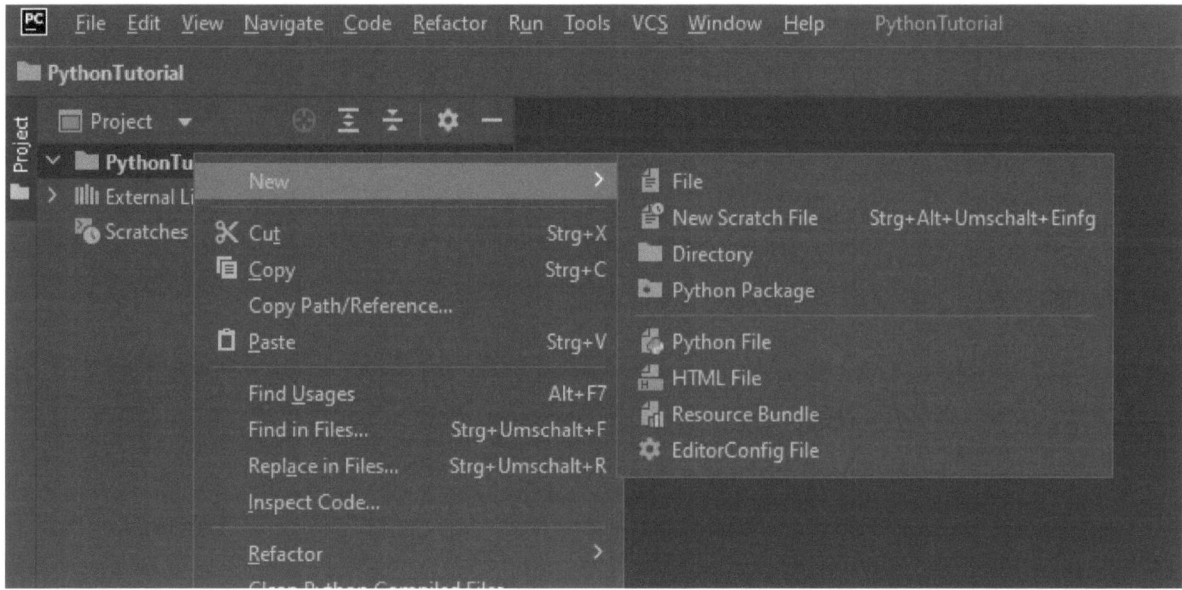

Für den nächsten Abschnitt in diesem Tutorial erstellen wir ein Unterverzeichnis, das wir „variablen" nennen. Für unseren ersten Code erstellen wir eine Python-Datei, die wir „erster_code" nennen. Unter dem Projektordner können wir danach das Unterverzeichnis und die Python-Datei sehen und auswählen:

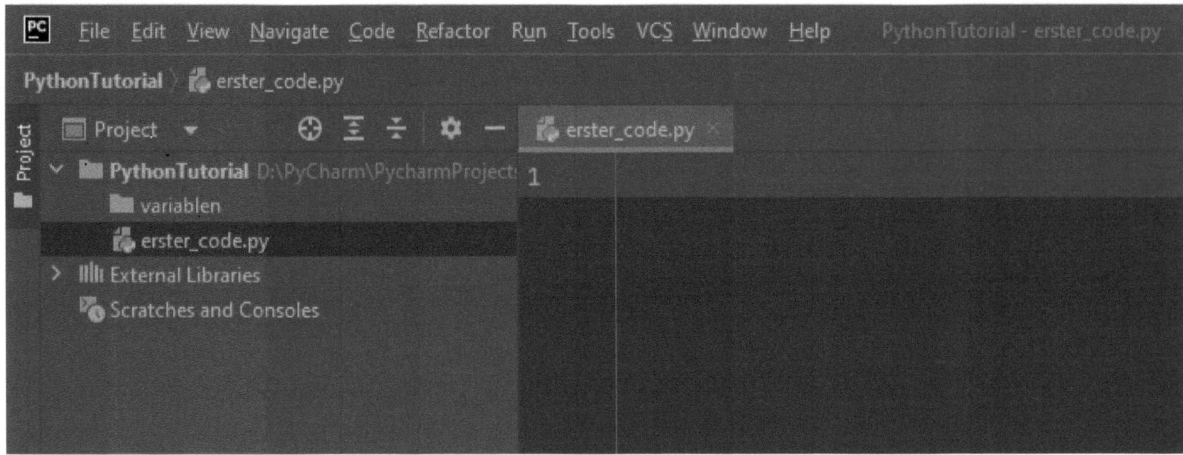

Die Entwicklungsumgebung ist in mehrere Bereiche (Views) aufgeteilt. Auf der linken Seite befindet sich die Project-View, in dem unser Projekt mit allen Verzeichnissen und Python-Dateien aufgelistet wird.

Rechts daneben befindet sich der größte Bereich der Entwicklungsumgebung, nämlich der Editor, in dem wir unseren Quellcode schreiben werden. Mehrere Python-Dateien werden hier mit Reitern angezeigt und können per Mausklick ausgewählt werden.

Unter dem Editor befinden sich weitere Reiter, unter denen verschiedene Views unterhalb des Editors eingeblendet werden können, darunter auch die View zur Konsolenausgabe, die wir gleich noch benötigen werden (und die nach Ausführung eines Programms automatisch geöffnet wird).

Die Views können auch vergrößert, verkleinert oder an anderen Stellen angebracht werden. Für dieses Tutorial reicht aber die Standardeinstellung völlig aus.

1.6 Der erste Code

Nachdem wir unser Projekt angelegt und eine Python-Datei erzeugt haben, können wir gleich mit unserem ersten Code loslegen.

Wir programmieren eine Konsolenausgabe mit dem „print()"-Befehl. Nach Namen des Befehls „print" schreiben wir dabei in runde Klammern den Inhalt der Konsolenausgabe. Wenn die Konsolenausgabe aus einem Text bestehen soll, müssen wir den Text in Anführungszeichen schreiben:

```
print("Willkommen im Python-Kurs!")
```

Um unser erstes Programm auszuführen, können wir ein Kontextmenü im Editor mit Rechtsklick öffnen und den „Run"-Befehl auswählen:

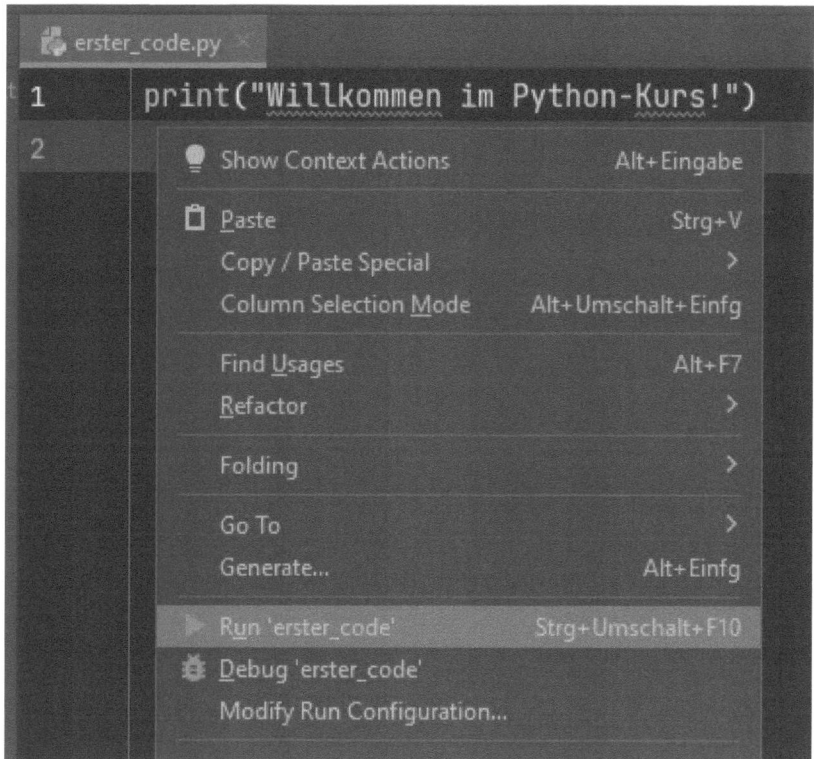

Ansonsten können wir unser Programm auch per Mausklick auf den grünen Pfeil oberhalb des Editors ausführen. In diesem Fall wird das zuletzt ausgeführte Programm erneut ausgeführt. Wenn wir also mehrere Python-Dateien nach- oder nebeneinander bearbeiten, müssen wir die Datei, die wir als nächstes ausführen möchten, zuerst im Kontextmenü starten:

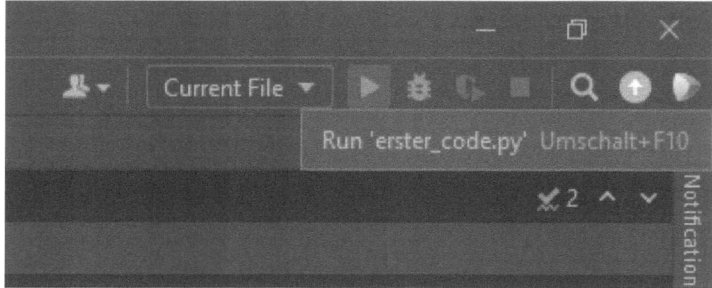

Nachdem wir unser Programm ausführen, öffnet sich unter dem Editor eine View, in der unsere Konsolenausgabe angezeigt wird:

Unter der geöffneten View befinden sich mehrere Reiter, mit der andere Views für Konsolenausgaben ausgewählt werden können. Je nach Konfiguration kann dabei auch die Python Konsole geöffnet sein, wenn für unsere Entwicklungsumgebung eine andere Einstellung vorgenommen wurde. Unter dem Menüpunkt „Run", „Edit Configurations…" können wir unsere Ausführeinstellungen ändern. Die Python Konsole wird beispielsweise geöffnet, wenn wir unter dem Begriff „Execution" die Auswahl „Run with Python Console" getroffen haben, bzw. diese voreingestellt ist:

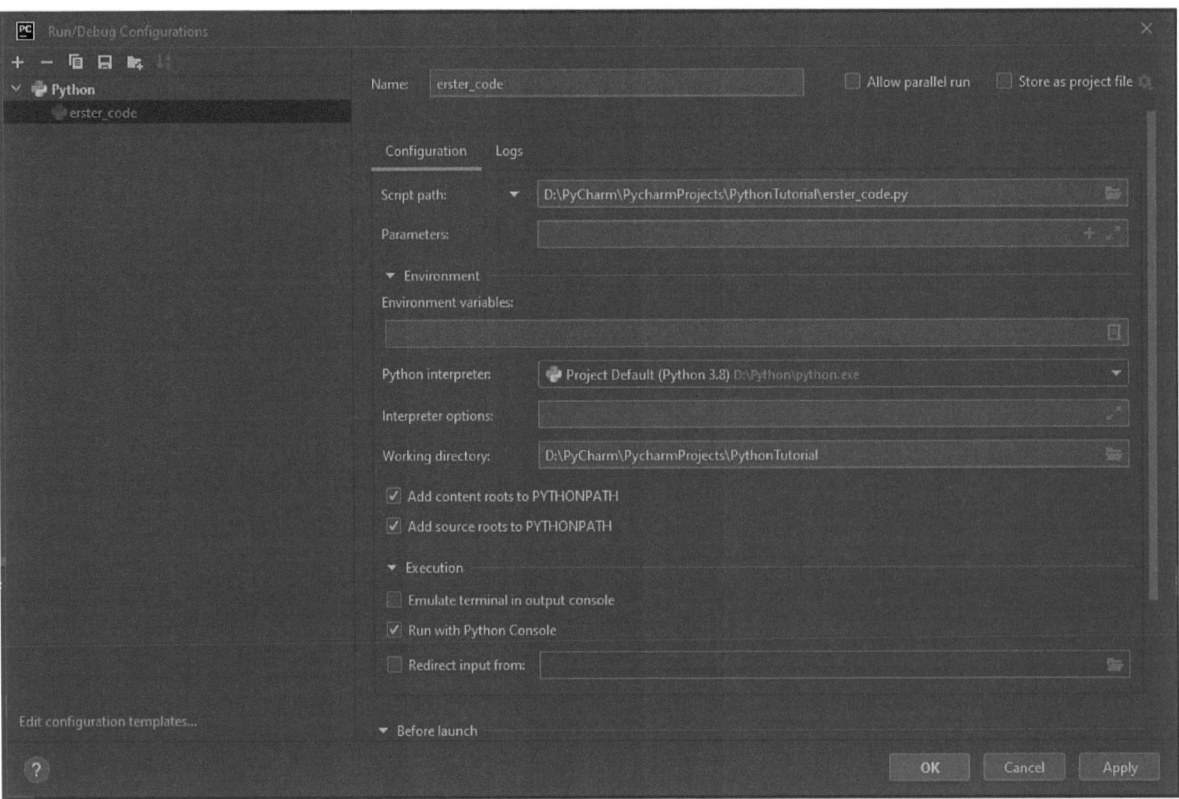

Für dieses Tutorial schließe ich diese Ausführeinstellung aus (entferne also das Häkchen wieder) und verwende stattdessen die „Run"-Konsole wie im vorherigen Bild. Unter anderem auch deshalb, weil wir in den folgenden Abschnitten keine Kommandozeilenbefehle in die Konsole selbst eingeben werden (was aber mit der Entwicklungsumgebung PyCharm ebenfalls möglich ist). Beispielsweise aber auch deshalb, weil die Python Konsole nach Beendigung des Programmes nicht automatisch beendet wird und bei mehrfacher Ausführung eines Konsolenausgabeprogrammes mehrere Reiter (jeweils einen für jede Programmausführung) nebeneinander bereitgestellt werden, was zuerst einmal ziemlich irritiert und eigentlich auch unnötig ist. Aber grundsätzlich steht auch diese Option je nach persönlichem Geschmack offen.

Wir haben unser erstes kleines Konsolenprogramm ausgeführt und insofern das erste kleine Erfolgserlebnis gemacht. Unser Programm soll um andere Konsolenausgaben erweitert werden.

Wollen wir eine Zahl in der Konsole ausgeben lassen, müssen wir diese nicht in Anführungszeichen schreiben. Unsere nächste Konsolenausgabe kann beispielsweise aus folgendem Code bestehen:

```
print(42)
```
Konsolenausgaben können auch aus mehreren Teilen, auch gemischt aus Texten und Zahlen bestehen. Mehrere Teile einer Konsolenausgabe können wir mit einem Komma voneinander trennen:

```
print("Die Antwort auf alles", 42)
```

Mehrere Konsolenausgaben schreiben wir untereinander. Dabei können wir einzelne Zeilen im Code leer lassen, beispielsweise um den Code besser lesbar zu machen oder um bestimmte zusammenhängende Codeblöcke von anderen deutlich sichtbar zu trennen. Leere Codezeilen werden einfach übergangen, wie in diesem Fall:

```
print("Willkommen im Python-Kurs!")

print("Die Antwort auf alles", 42)
```

Wenn wir das Programm erneut ausführen, sehen wir, dass diese Ausgabeanweisung als zweite erfolgt (wenn wir diese nach der ersten Ausgabeanweisung programmiert haben). Der Code wird nämlich von oben nach unten ausgeführt.

Für Programmierer ist es wichtig, Kommentare zu nutzen. Kommentare sind Zeilen im Quellcode, die nicht ausgeführt, also einfach übergangen werden und dafür gedacht sind, einen nachfolgenden Code zu erklären. Vor allem für umfangreichere Programme ist es sehr sinnvoll, Kommentare zu verwenden, um gleich zu beschreiben, was bestimmte Codeabschnitte genau machen sollen, bzw. wofür diese gedacht sind.

Einen Kommentar leiten wir mit dem Raute-Zeichen (#) ein:

```
# Hier folgt eine Konsolenausgabe
print("Ein Kommentar wird mit # eingeleitet.")
```

In Python können wir Texte entweder in doppelte oder in einfache Anführungszeichen schreiben. Vorteilhaft kann die Verwendung von einfachen Anführungszeichen beispielsweise dann sein, wenn wir Begriffe in einem Text in doppelte Anführungszeichen setzen wollen:

```
print('Texte können auch in "einfachen" Anführungszeichen stehen.')
```

Texte aus mehreren Zeilen können wir mit „\n" in unserem Text realisieren:

```
print("Eine neue Zeile können wir\nmit Backslash+n einfügen")
```

Umgekehrt können wir auch einzeilige Konsolenausgaben in mehrere Zeilen Code schreiben, beispielsweise wenn wir eine längere Konsolenausgabe dadurch besser lesbar machen wollen:

```
print("Einzeilige Konsolenausgaben "
      "können wir auch in mehreren "
      "Zeilen Code schreiben.")
```

Die Entwicklungsumgebung PyCharm macht es uns durch das Codevervollständigungs-Feature deutlich einfacher, Code zu schreiben. Beispielsweise müssen wir den print-Befehl nicht jedes Mal komplett schreiben. Dieser wird schon, wenn wir nur den Buchstaben „p" in den Editor schreiben, automatisch vorgeschlagen. In einem kleinen Fenster im Editor können wir diesen mit der Tabulator- oder Enter-Taste komplett in unseren Quellcode einfügen oder auch eines der anderen vorgeschlagenen Befehle mit den Pfeiltasten „rauf" und „runter" auswählen:

```
10      print("Eine neue Zeile können wir\nmit Backslash+n einfügen")
11      print("Einzeilige Konsolenausgaben "
12             "können wir auch in mehreren "
13             "Zeilen Code schreiben.")
14      p
        print(values, sep, end, file, flush)     builtins
        pprint
        pass
        pip
        pygame
```

Konsolenausgabe:

```
Willkommen im Python-Kurs!
Die Antwort auf alles 42
Ein Kommentar wird mit # eingeleitet.
Texte können auch in "einfachen" Anführungszeichen stehen.
Eine neue Zeile können wir
mit Backslash+n einfügen
Einzeilige Konsolenausgaben können wir auch in mehreren Zeilen Code schreiben.
```

2 Variablen

Variablen benötigen wir in unserem Quellcode, wenn wir Werte abspeichern müssen, um diese später wiederzuverwenden.

2.1 Deklaration und Initialisierung von Variablen

Im Gegensatz zu fast allen anderen Programmiersprachen ist es in Python nicht nötig, den Datentyp einer Variablen bei der Deklaration anzugeben. Das bedeutet nicht, dass es in Python keine Datentypen gibt, sondern dass die Datentyp-Bestimmung hier automatisch erfolgt.

In der Programmiersprache Python gibt es 4 „primitive", bzw. einfache Datentypen:

Datentyp	Inhalt
Int	Ganzzahlen
Float	Gleitkommazahlen
str (String)	Zeichenketten
Bool	Wahrheitswert

Bei der Erzeugung von Variablen unterscheidet man grundsätzlich zwischen der Deklaration und Initialisierung von Variablen. Mit der Deklaration ist die Bestimmung des Namens der Variablen, mit der Initialisierung die erste Wertzuweisung gemeint.

In der Programmiersprache Python werden diese beiden Vorgänge nicht voneinander getrennt, sondern erfolgen in einer Codezeile. Wir erschaffen eine Variable, der wir eine Ganzzahl zuweisen:

```
a = 5
```

Den Inhalt der Variablen können wir ausgeben lassen, indem wir diese im Rahmen einer print()-Anweisung einzeln oder im Zusammenhang mit einer weiteren Ausgabe nennen:

```
print(a)
print("Wert der Variablen 'a':", a)
```

Wenn wir einer Variablen einen Text zuweisen wollen, müssen wir diesen in einfache oder doppelte Anführungszeichen schreiben:

```
text = "Python"
print(text)
```

Den Wert einer Variablen können wir in der gleichen Weise wie bei deren Initialisierung ändern:

```
a = 12
print("Wert der Variablen 'a' jetzt:", a)
```

In Python ist es auch möglich, einer Variablen einen Wert zuzuweisen, der einem anderen Datentyp als der vorher gespeicherte Wert entspricht:

```
a = "Hallo"
print("Die Variable 'a' speichert nun folgenden Text:", a)
a = 12.3
print("Wert der Variablen 'a' jetzt:", a)
a = True
print("Kann 'a' auch die Wahrheit sagen?", a)
```

Bei der Zuweisung einer Kommazahl müssen wir darauf achten, die Kommazahl in amerikanischer Schreibweise (mit einem Punkt, statt einem Komma) zu schreiben.

Den Datentyp einer Variablen erhalten wir mit der type()-Funktion:

```
print(type(a))
```

Konsolenausgabe:

```
5
Wert der Variablen 'a': 5
Python
Wert der Variablen 'a' jetzt: 12
Die Variable 'a' speichert nun folgenden Text: Hallo
Wert der Variablen 'a' jetzt: 12.3
Kann 'a' auch die Wahrheit sagen? True
<class 'bool'>
```

2.2 Variablen für Nutzereingaben verwenden

Wenn wir einer Variablen einen Wert durch eine Nutzereingabe zuweisen wollen, können wir in der Programmiersprache Python die input()-Funktion nutzen:

```
print("Bitte geben Sie eine Zahl ein:")
zahl = input()
```

Um zu testen, ob die eingegebene Zahl richtig gespeichert wurde, lassen wir uns diese nach der Eingabe in der Konsole ausgeben:

```
print("Sie haben folgende Zahl eingegeben:", zahl)
```

Wenn wir die eingegebene Zahl in einer weiteren Konsolenausgabe verdoppelt ausgeben lassen wollen, stellen wir fest, dass die Zahl nicht verdoppelt, sondern zwei Mal nacheinander ausgegeben wird:

```
print("Die Zahl verdoppelt:", zahl * 2)
```

Das liegt daran, dass uns die input()-Funktion einen String zurückgibt, was wir mit einer weiteren Ausgabeanweisung feststellen können:

```
print(type(zahl))
```

Den Rückgabetyp, den wir aus der input()-Funktion erhalten, können wir mit der eval()-Funktion in den Datentyp int oder float umwandeln. Wenn wir eine Ganzzahl eingeben, erhalten wir den Datentyp int, bei einer Kommazahl den Datentyp float (Bei der Eingabe von „True" oder „False" wäre es ein bool). Wir programmieren eine zweite Eingabemöglichkeit mit den gleichen Ausgabeanweisungen:

```
print("Bitte geben Sie noch eine Zahl ein:")
zahl = eval(input())
print("Sie haben folgende Zahl eingegeben:", zahl)
print("Die Zahl verdoppelt:", zahl * 2)
print(type(zahl))
```

In diesem Fall wird die Zahl verdoppelt ausgegeben, weil sie als Ganzzahl oder Kommazahl gespeichert wurde.

Nutzereingaben können wir auch in der gleichen Konsolenzeile ermöglichen, in der wir um die Eingabe bitten. Dabei geben wir in den Klammern der input()-Funktion die Bitte um Eingabe direkt an, ohne davor eine print-Anweisung hierfür zu verwenden. Folgendes Beispiel zeigt den Unterschied:

```
print("Bitte geben Sie noch etwas in der nächsten Zeile ein:")
eingabe = input()
print("Sie haben eingegeben:", eingabe)

eingabe = input("Bitte geben Sie noch etwas in der gleichen Zeile ein: ")
print("Sie haben eingegeben:", eingabe)
```

Konsolenausgabe:

```
Bitte geben Sie eine Zahl ein:
5
Sie haben folgende Zahl eingegeben: 5
Die Zahl verdoppelt: 55
<class 'str'>
Bitte geben Sie noch eine Zahl ein:
5.5
Sie haben folgende Zahl eingegeben: 5.5
Die Zahl verdoppelt: 11.0
<class 'float'>
Bitte geben Sie noch etwas in der nächsten Zeile ein:
Hallo
Sie haben eingegeben: Hallo
Bitte geben Sie noch etwas in der gleichen Zeile ein: Hallo
Sie haben eingegeben: Hallo
```

2.3 Typumwandlung

In vielen Programmen ist es erforderlich, den Datentyp eines bestimmten Wertes oder einer Variablen in einen anderen Datentyp umzuwandeln, um den umgewandelten Wert weiterverarbeiten zu können.

Mit der eval()-Funktion können wir eine str- in eine int- oder float-Variable umwandeln. Der Vorteil der eval()-Funktion besteht darin, dass wir je nach Eingabe automatisch entweder eine Ganzzahl oder eine

Kommazahl erhalten. Wir programmieren ein weiteres Beispiel, in dem ebenfalls eine Nutzereingabe über die eval()-Funktion zuerst in den passenden Zahlentyp umgewandelt wird:

```
print("Bitte geben Sie eine Zahl ein:")
x = eval(input())
```

Typumwandlungen sind auch möglich, wenn wir den Datentyp, in den wir umwandeln wollen, schreiben und danach den umzuwandelnden Wert in Klammern setzen. Diesen Vorgang nennt man auch „casting". In folgenden Codezeilen wird der Datentyp, den wir durch die eval()-Funktion erhalten, im ersten Schritt in eine Kommazahl und im zweiten Schritt in eine Ganzzahl umgewandelt:

```
print("Zahl als Kommazahl:", float(x))
print("Zahl verdoppelt:", float(x) * 2)

print("Zahl als Ganzzahl:", int(x))
print("Zahl verdoppelt:", int(x) * 2)
```

Die Umwandlung von einem String zu einer Ganzzahl ist aber nicht möglich, wenn der String aus einer Kommazahl besteht. Folgendes Beispiel führt bei der Umwandlung des Strings in eine Ganzzahl zu einer Fehlermeldung:

```
y = "22.7"
print("Zahlentext als int:", int(y))       # Fehler
print("Zahlentext als float:", float(y))
```

Das Problem können wir umgehen, wenn wir den Zahlentext entweder mit der eval()-Funktion oder mit casting zuerst in eine Kommazahl umwandeln:

```
y = eval("22.7")
print("Zahlentext als int:", int(y))
print("Zahlentext als float:", float(y))
```

Bei der Umwandlung einer Kommazahl in eine Ganzzahl wird die Kommazahl nicht gerundet, sondern die Nachkommastellen werden abgeschnitten, sodass nur die Ganzzahl vor dem Komma gespeichert wird. In folgendem Beispiel wird die dritte Zahl mit 12.0 ausgegeben:

```
erste_zahl = 12.6
zweite_zahl = int(erste_zahl)
dritte_zahl = float(zweite_zahl)

print("Erste Zahl:", erste_zahl)
print("Zweite Zahl:", zweite_zahl)
print("Dritte Zahl:", dritte_zahl)
```

Konsolenausgabe:

```
Bitte geben Sie eine Zahl ein:
5.5
Zahl als Kommazahl: 5.5
Zahl verdoppelt: 11.0
Zahl als Ganzzahl: 5
```

```
Zahl verdoppelt: 10
<class 'float'>
Zahlentext als int: 22
Zahlentext als float: 22.7
Erste Zahl: 12.6
Zweite Zahl: 12
Dritte Zahl: 12.0
```

2.4 Zuweisungsoperator und arithmetische Operatoren

Die Rechenoperatoren aus der Mathematik (+, -, X und /) können wir auch in der Programmiersprache Python verwenden, um Berechnungen mit Variablen durchzuführen. Das „=" ist der Zuweisungsoperator. Die Werte, die sich rechts neben dem Zuweisungsoperator befinden, werden dabei der Variablen, die sich links neben dem Zuweisungsoperator befindet, zugewiesen. Die Wertzuweisung erfolgt also „von rechts nach links":

```
zahl = 3 + 5
print("Zahl:", zahl)
zahl = 8 - 3
print("Zahl:", zahl)
zahl = 10 * 2
print("Zahl:", zahl)
zahl = 10 / 2
print("Zahl:", zahl)
```

Außerdem gibt es in der Programmiersprache Python den Modulo-Operator („%"), mit dem sich der Restwert aus einer Division von zwei Zahlen ermitteln lässt. Mit dem Modulo-Operators können wir beispielsweise leicht feststellen, ob eine Zahl gerade ist (dann ist der Restwert immer 0):

```
rest = 17 % 4
print("Restwert aus 17/4:", rest)
```

In Python steht auch ein Operator für eine Ganzzahldivision zur Verfügung („//"). Durch den Ganzzahl-Divisions-Operator erhalten wir als Ergebnis eine Ganzzahl, die sich aus der Teilung ohne Rest ergibt:

```
ergebnis = 17 // 4
print("Ergebnis Ganzzahldivision 17/4:", ergebnis)
```

Eine Variable kann auch durch Verwendung ihres eigenen Wertes sich selbst einen neuen Wert zuweisen. Dieses wichtige Prinzip wird oft in Schleifen verwendet und ermöglicht die Weiterverwendung des Wertes von Variablen zu späteren Programmlaufzeiten, ohne dass wir dabei wissen müssen, welchen Wert diese Variable zu diesem Zeitpunkt hat:

```
zahl = zahl + 1
print("Zahl:", zahl)
```

Die arithmetischen Operatoren können auch in der kombinierten Form mit dem Zuweisungsoperator verwendet werden. Statt „zahl = zahl + 1" können wir also schreiben „zahl += 1". Das gleiche Prinzip können wir bei jeder einfachen mathematischen Operation anwenden:

```
zahl += 5
print("Zahl:", zahl)
zahl -= 3
print("Zahl:", zahl)
zahl *= 2
print("Zahl:", zahl)
zahl /= 4
print("Zahl:", zahl)
```

Bei Zeichenketten bewirkt der +-Operator eine Verkettung mehrerer Zeichenketten. Wenn wir Texte mit Zahlen verbinden wollen, müssen wir die Zahl davor in einen String umwandeln:

```
zahl = str(zahl)
zahl += " ist eine Zahl"
print(zahl)
```

Konsolenausgabe:

```
Zahl: 8
Zahl: 5
Zahl: 20
Zahl: 5.0
Restwert aus 17/4: 1
Ergebnis Ganzzahldivision aus 17/4: 4
Zahl: 6.0
Zahl: 11.0
Zahl: 8.0
Zahl: 16.0
Zahl: 4.0
4.0 ist eine Zahl.
```

2.5 Variablen benennen

Variablen, die aus zusammengesetzten Begriffen bestehen, werden grundsätzlich mit der Snake_Case oder der CamelCase-Schreibweise benannt. In der Programmiersprache Python wird die Snake_Case-Schreibweise empfohlen, wobei diese Konvention nicht zwingend, aber aus meiner Sicht empfehlenswert ist. Hintergrund ist vor allem die bessere Lesbarkeit von Variablennamen, die aus zusammengesetzten Begriffen bestehen. Die Snake_Case-Schreibweise sieht vor, dass jeder Begriff mit einem Unterstrich vom vorherigen Begriff verbunden wird. Die CamelCase-Schreibweise sieht vor, dass jeder Anfangsbuchstabe des nächsten Teilbegriffs großgeschrieben wird. Der Unterschied wird im nächsten Beispiel deutlich:

```
erste_zahl  = 1        # Snake_Case
ersteZahl = 1          # CamelCase
```

Möglich, aber nicht empfehlenswert ist es, zusammengesetzte Begriffe komplett klein zuschreiben, weil sich die Lesbarkeit dadurch verschlechtert. Zahlen im Namen der Variablen zu verwenden kann bei Berechnungen verwirrend sein. Außerdem sollte eine Variable nicht großgeschrieben werden, um diese nicht mit Klassennamen (die großgeschrieben werden) zu verwechseln:

```
# nicht empfehlenswert
erstezahl = 1
zahl1 = 1
ErsteZahl = 1
```

Nicht möglich ist die Verwendung von Zahlen als erstes Zeichen, Sonderzeichen oder dem Punkt im Namen der Variablen:

```
# nicht möglich
1.zahl = 1
erste-zahl = 1
```

In der Programmiersprache Python können Variablen nicht als Konstanten definiert werden. Konstanten sind Variablen, deren Wert nach der Initialisierung nicht mehr verändert werden kann. Um Variablen optisch als Konstanten zu definieren, sollten diese komplett in Großbuchstaben geschrieben werden. Deren Wert kann zwar nachträglich geändert werden, am Namen der Variablen erkennen wir aber, dass das in diesem Fall nicht gewollt ist, wie in folgenden Beispielen:

```
PI = 3.141592
MWST_SATZ = 0.19
```

2.6 Programmieraufgabe 1

Schreibe ein kleines Rechenprogramm.

Nach einer Begrüßungsausgabe soll das Programm bitten, eine Zahl einzugeben. Anschließend soll eine weitere Zahl eingegeben werden.

Das Programm soll im Anschluss die Berechnungsergebnisse der beiden Zahlen (1. Zahl + 2. Zahl, 1. Zahl – 2. Zahl, 1. Zahl X 2. Zahl und 1. Zahl / 2. Zahl) untereinander wie folgt ausgeben:

Summe: ...

Differenz: ...

Produkt: ...

Quotient: ...

Viel Spass und viel Erfolg!

2.7 Lösungsvorschlag Programmieraufgabe 1

Konsolenausgabe:

```
Willkommen im Rechenprogramm
Bitte gib eine erste Zahl ein:
3.5
Bitte gib eine zweite Zahl ein:
6
Summe: 9.5
Differenz: -2.5
Produkt: 21.0
Quotient: 0.5833333333333334
```

Code:

```
print("Willkommen im Rechenprogramm")
print("Bitte gib eine erste Zahl ein:")
erste_zahl = eval(input())
print("Bitte gib eine zweite Zahl ein:")
zweite_zahl = eval(input())

print("Summe:", erste_zahl + zweite_zahl)
print("Differenz:", erste_zahl - zweite_zahl)
print("Produkt:", erste_zahl * zweite_zahl)
print("Quotient:", erste_zahl / zweite_zahl)
```

Code:

3 Datenstrukturen

Datenstrukturen sind sinnvoll, wenn wir mehrere Werte gemeinsam speichern wollen. Wenn unser Programm beispielsweise eine Reihe von Zahlen oder Zeichenketten speichern und weiterverarbeiten soll, können wir für jede einzelne Zahl eine Variable verwenden. Dabei würden wir aber eine Unmenge an Code benötigen. Außerdem wäre es für den Programmierer sehr unpraktisch, wenn für ein Programm, welches vielleicht mehrere hundert oder tausend Zahlen speichern und verarbeiten soll, jede Zahl über eine einzelne Variable selbst anzusprechen.

Die Programmiersprache Python bietet viele Möglichkeiten, wie wir mehrere Werte in verschiedenen Datenstrukturen speichern können und zeichnet sich vor allem durch die Vielfalt dieser Datenstrukturen aus.

Die „typische" Datenstruktur ist die Liste, die dem am nächsten kommt, was man aus den meisten anderen Programmiersprachen als „Array" kennt (das es auch in der Programmiersprache Python gibt, aber deutlich seltener eingesetzt wird). Weitere wichtige Datenstrukturen sind das Dictionary, das Set und das Tupel.

3.1 Listen

Wenn wir eine Datenstruktur benötigen, die mehrere Daten in sich aufnehmen und eine Weiterverarbeitung und Änderung dieser Daten zulassen können soll, dann können wir hierfür grundsätzlich die Liste als „Standardtyp" der Datenstrukturen verwenden.

Eine Liste können wir prinzipiell wie eine Variable erzeugen, nämlich indem wir dieser Liste einfach einen Namen geben. Durch der Wertzuweisung wird diese Variable automatisch eine Liste, wenn wir die einzelnen Werte, die wir in diese Liste einfügen wollen, in eckige Klammern setzen:

```
namen = ["Anton", "Julia", "Alexander"]
```

Eine Liste kann auch aus verschiedenen Datentypen, beispielsweise aus Texten und Ganzzahlen, bestehen:

```
erstes_auto = ["Mercedes", "E 300 Limousine", 54600, 258]
zweites_auto = ["BMW", "530 i Limousine", 51900, 252]
```

Wenn wir die Liste insgesamt ausgeben lassen wollen, können wir die Liste als solche in einer Ausgabeanweisung nennen:

```
print(erstes_auto)
```

Um einzelne Werte aus der Liste ausgeben zu lassen, müssen wir den Index aus der Liste nach dem Namen der Liste in eckige Klammern schreiben. Jedes Element der Liste wird einem Index, beginnend ab 0 zugeordnet. Beispielsweise wird das dritte Element der Liste (hier der Preis des Autos) unter dem Index 2 gespeichert:

```
print(erstes_auto[0])
print(erstes_auto[1])
```

```
print(erstes_auto[2], "€")
print(erstes_auto[3], "PS")
```

Wenn wir das letzte Element der Liste ansprechen wollen, können wir in die eckigen Klammern den Index -1 verwenden:

```
print(zweites_auto[-1], "PS")
```

Wenn wir alle Elemente in der Liste ab einem bestimmten Element ansprechen wollen, können wir das, indem wir als Index einen Startwert, gefolgt von einem Doppelpunkt verwenden. Folgender Code gibt alle Elemente der Liste, beginnend ab dem zweiten Element aus:

```
print(erstes_auto[1:])
```

Wenn wir hierbei die Elemente nur bis zu einem bestimmten Element ansprechen wollen, können wir nach dem Doppelpunkt ein Element als Endpunkt nennen. Dabei muss aber das letzte Element um 1 höher sein, als der Index, unter dem dieses gespeichert ist. Folgender Code gibt alle Elemente, beginnend ab dem zweiten bis einschließlich dem dritten (nicht vierten) Element aus:

```
print(erstes_auto[1:3])
```

Elemente aus einer Liste können wir ändern, indem wir das Element über seinen Index ansprechen und einen neuen Wert zuweisen:

```
zweites_auto[2] = 52650
print("Der neue Preis des BMW:", zweites_auto[2], "€")
```

Die Elemente unserer Liste können wir wie Variablen nutzen, beispielsweise um Berechnungen vorzunehmen:

```
print("Beide Fahrzeuge kosten zusammen:", erstes_auto[2] + zweites_auto[2])
```

Für die Erstellung einer Liste aus Zahlen können wir auch die range()-Funktion in der list()-Funktion verwenden. Die list()-Funktion erzeugt eine Liste aus Werten. Hierbei geben wir in die Klammern dieser Funktion die range()-Funktion ein und können für diese den Start der Zahlenreihe, das Ende der Zahlenreihe (bei inklusivem Ende muss der Wert hier auch um 1 höher sein als der gewollte) und optional eine Schrittlänge bestimmen. Eine Liste aus Zahlen von 10 bis 100 in 10er-Schritten können wir mit folgendem Code erstellen:

```
zahlen = list(range(10, 101, 10))
print(zahlen)
```

Konsolenausgabe:

```
['Anton', 'Julia', 'Alexander']
Mercedes
E 300 Limousine
54600 €
258 PS
```

```
252 PS
['530 i Limousine', 51900, 252]
['530 i Limousine', 51900]
Der neue Preis des BMW: 52650 €
Beide Fahrzeuge kosten zusammen: 107250 €
[10, 20, 30, 40, 50, 60, 70, 80, 90, 100]
```

3.2 Listen verarbeiten

Listen sind sehr flexibel und bieten eine Vielzahl von Möglichkeiten, wie wir diese verarbeiten können. In den folgenden Beispielen gehen wir auf die wichtigsten Funktionen im Zusammenhang mit der Verarbeitung von Listen ein und nutzen dabei die Liste aus dem vorherigen Kapitel:

```
erstes_auto = ["Mercedes", "E 300 Limousine", 54600, 258]
```

Mit dem del()-Befehl können wir ein Element der Liste entfernen, indem wir ihn über den Index ansprechen:

```
del(erstes_auto[3])
print(erstes_auto)
```

Mit der remove()-Methode können wir ein Element aus der Liste entfernen, indem wir dieses über dessen Wert ansprechen:

```
erstes_auto.remove(54600)
print(erstes_auto)
```

Die append()-Methode fügt ein Element an das Ende der Liste:

```
erstes_auto.append(258)
print(erstes_auto)
```

Mit der insert()-Methode können wir ein Element in eine Liste einfügen und hierbei bestimmen, an welche Stelle dieses in die Liste eingefügt wird:

```
erstes_auto.insert(2, 54600)
print(erstes_auto)
```

Mit der clear()-Methode können wir alle Elemente einer Liste löschen:

```
erstes_auto.clear()
print(erstes_auto)
```

Ebenso können wir eine leere Liste erschaffen:

```
erstes_auto = []
```

In manchen Situationen kann die Erzeugung einer leeren Liste Sinn machen, beispielsweise wenn wir diese später im Programm erst mit Elementen ergänzen möchten, dabei aber schon eine Liste benötigen.

Einige Funktionen zur Verarbeitung von Listen können wir speziell für Listen aus Zahlen verwenden. Hierfür erschaffen wir eine neue Liste:

```
zahlen = [1, 2, 3, 8, 4, 5]
```

Die Anzahl der Elemente in der Liste erhalten wir mit der len()-Funktion:

```
print("Anzahl der Elemente:", len(zahlen))
```

Die Summe aller Listenelemente erhalten wir mit der sum()-Funktion:

```
print(„Summe der Zahlen:", sum(zahlen))
```

Die kleinste und die größte Zahl in der Liste können wir mit der min()-Funktion, bzw. der max()-Funktion herausfinden:

```
print("Die kleinste Zahl in der Liste:", min(zahlen))
print("Die größte Zahl in der Liste", max(zahlen))
```

Die Elemente der Liste können wir mit der sort()-Methode aufsteigend sortieren:

```
zahlen.sort()
print(zahlen)
```

Eine Liste können wir auch komplett neu initialisieren, indem wir dieser einfach neue Werte übergeben. Dabei können Werte auch mehrfach vorkommen:

```
zahlen = [5, 5, 5, 3, 3, 9, 9, 9, 9]
```

Wenn wir wissen wollen, wie oft eine bestimmte Zahl in unserer neu erschaffenen Liste vorkommt, können wir die count()-Methode nutzen:

```
print("Die Zahl 9 kommt in der Liste", zahlen.count(9), "Mal vor.")
```

Konsolenausgabe:

```
['Mercedes', 'E 300 Limousine', 54600]
['Mercedes', 'E 300 Limousine']
['Mercedes', 'E 300 Limousine', 258]
['Mercedes', 'E 300 Limousine', 54600, 258]
[]
Anzahl der Elemente: 6
Summe der Zahlen: 23
Die kleinste Zahl in der Liste: 1
Die größte Zahl in der Liste: 8
```

```
[1, 2, 3, 4, 5, 8]
Die Zahl 9 kommt in der Liste 4 Mal vor.
```

3.3 Dictionaries

Neben Listen bietet die Programmiersprache Python das Dictionary an. Ein Dictionary unterscheidet sich von einer Liste dadurch, dass jedes Element aus einem Schlüssel (dem „key") und einem Wert (dem „value") besteht.

Deshalb müssen wir ein Dictionary so initialisieren, dass wir die Schlüssel und Werte nebeneinander schreiben (dabei den Schlüssel zuerst) und die Elemente mit einem Komma voneinander trennen. Das Dictionary initialisieren wir in geschweiften Klammern:

```
erstes_auto = {"marke" : "Mercedes", "modell" : "E 300 Limousine",
               "preis" : 54600, "leistung" : 258}
zweites_auto = {"marke" : "BMW", "modell" : "530 i Limousine",
               "preis" : 51900, "leistung" : 252}
```

Das Dictionary können wir insgesamt ausgeben lassen. Wenn wir bestimmte Werte aus dem Dictionary ansprechen wollen, müssen wir dazu den Schlüssel in die eckigen Klammern nach dem Namen des Dictionary schreiben:

```
print(erstes_auto)
print(erstes_auto["marke"], erstes_auto["modell"])
```

Die Werte des Dictionary können wir auf die gleiche Weise ändern:

```
erstes_auto["preis"] = 52600
print(erstes_auto["preis"])
```

Bei Dictionaries besteht auch die Möglichkeit, alle Schlüssel und alle Werte insgesamt anzusprechen, indem wir nach dem Namen des Dictionary „.keys()", bzw. „.values()" schreiben:

```
print(erstes_auto.keys())
print(erstes_auto.values())
```

Den aus der Listenverarbeitung bekannten del()-Befehl können wir auch für das Löschen eines Elements im Dictionary verwenden, indem wir dessen Schlüssel angeben:

```
del(zweites_auto["leistung"])
print(zweites_auto)
```

Dem Dictionary können wir ein Element hinzufügen, indem wir in die eckigen Klammern den Namen des neuen Schlüssels festlegen und anschließend den gewünschten Wert zuweisen:

```
zweites_auto["leistung"] = 252
print(zweites_auto)
```

Konsolenausgabe:

```
{'marke': 'Mercedes', 'modell': 'E 300 Limousine', 'preis': 54600, 'leis-
tung': 258}
Mercedes E 300 Limousine
52600
dict_keys(['marke', 'modell', 'preis', 'leistung'])
dict_values(['Mercedes', 'E 300 Limousine', 52600, 258])
{'marke': 'BMW', 'modell': '530 i Limousine', 'preis': 51900}
{'marke': 'BMW', 'modell': '530 i Limousine', 'preis': 51900, 'leistung':
252}
```

3.4 Sets

Mit den Sets bietet die Programmiersprache Python eine weitere Datenstruktur an, die im Vergleich zu Listen einige Besonderheiten bietet. Im Gegensatz zu Listen haben Sets keine Ordnung. Das bedeutet, die einzelnen Elemente im Set sind nicht nach der Reihenfolge geordnet, wie wir diese in das Set speichern. Außerdem haben Sets keine Doppelgänger. Wir können einem Set also den gleichen Wert nicht zwei Mal übergeben.

Beide Eigenschaften können ihre Nachteile, aber auch ihre Vorteile haben. Beispielsweise können wir in Programmen, in denen wir eine Datenstruktur benötigen, die absichtlich keine gleichen Werte mehrfach beinhalten können soll, hierfür ein Set verwenden, wenn uns auch die Reihenfolge dieser Werte nicht interessiert.

Ein Set können wir durch Angabe des Namens und der Zuweisung der einzelnen Werte in geschweifte Klammern erzeugen. Wie bei der Erstellung eines Dictionary müssen wir hier geschweifte Klammern verwenden, legen aber im Gegensatz zur Erstellung eines Dictionary keine Schlüssel (keys) fest:

```
zahlen = {5, 4, 1, 2, 3}
```

Wenn wir dieses Set ausgeben lassen, stellen wir fest, dass die eingegebenen Zahlen nicht in der Weise ausgegeben werden, wie wir diese in das Set gespeichert haben, sondern beginnend mit der kleinsten Zahl bis hin zur größten Zahl:

```
print(zahlen)
```

Einem Set können wir mit dem add()-Befehl einen weiteren Wert hinzufügen. Wenn sich dieser Wert schon im Set befindet, wird dieser dem Set aber nicht hinzugefügt:

```
zahlen.add(6)
print(zahlen)
```

Ein Set können wir auch mit der set()-Funktion erstellen. Beispielsweise können wir ein Set aus dem Wort „Willkommen" erstellen. Dabei wird das Set aus jedem Buchstaben als einzelnes Element bestehen:

```
zeichen = set("Willkommen")
```

Wenn wir dieses Set ausgeben lassen, stellen wir fest, dass die einzelnen Buchstaben in zufälliger Reihenfolge ausgegeben werden (auch nicht alphabetisch geordnet) und kein Buchstabe zwei Mal vorkommt:

```
print(zeichen)
```

Einzelne Elemente von Sets können wir mit der remove()- oder der discard()-Methode entfernen. Bei der remove()-Methode erhalten wir aber eine Fehlermeldung, wenn dieses Element nicht vorhanden ist. Die discard()-Methode entfernt das Element, sofern es vorhanden ist, erzeugt aber keine Fehlermeldung wenn dieses nicht vorhanden ist. Die discard()-Methode ist also die sichere Variante:

```
zeichen.remove("W")
print(zeichen)
zeichen.discard("o")
print(zeichen)
```

Wenn wir ein leeres Set erzeugen wollen, können wir nicht den Namen für das Set und anschließend geschweifte Klammern verwenden, in die wir nichts hineinschreiben. In diesem Fall würden wir ein leeres Dictionary erhalten:

```
zahlen = {}
print(type(zahlen))
```

Ein leeres Set erhalten wir stattdessen mit der set()-Funktion:

```
zahlen = set()
print(type(zahlen))
```

Ein Anwendungsbereich, für den sich Sets sehr gut eignen, ist die Mengenlehre. Wir erzeugen hierfür zwei neue Sets:

```
x = {"A", "B", "C", "E"}
y = {"C", "D", "E", "F"}
```

Die aus der Mengenlehre bekannten Operationen können wir hier wie folgt anwenden:

```
# Vereinigung
print(x | y)
# Differenz
print(x - y)
# Schnittmenge
print(x & y)
# (Exklusives) Oder
print(x ^ y)
```

Konsolenausgabe:

```
{1, 2, 3, 4, 5}
{1, 2, 3, 4, 5, 6}
```

```
{'e', 'l', 'i', 'k', 'n', 'm', 'o', 'W'}
{'e', 'l', 'i', 'k', 'n', 'm', 'o'}
{'e', 'l', 'i', 'k', 'n', 'm'}
<class 'dict'>
<class 'set'>
{'C', 'F', 'B', 'D', 'E', 'A'}
{'B', 'A'}
{'D', 'C'}
{'F', 'B', 'E', 'A'}
```

3.5 Tupel

Wenn wir eine Datenstruktur benötigen, deren Elemente nicht veränderbar sein sollen, können wir hierfür ein Tupel verwenden. Die Elemente des Tupels werden in runde Klammern geschrieben. Folgendes Tupel wird aus den Primzahlen von 2 bis 19 bestehen:

```
primzahlen = (2, 3, 5, 7, 11, 13, 17, 19)
print(primzahlen)
```

Die Elemente des Tupels sind wie bei Listen in der Weise geordnet, wie sie in das Tupel eingefügt wurden und können ebenso mit dem Index angesprochen werden:

```
print(primzahlen[2])
print(primzahlen[0:3])
```

Die Werte eines Tupels können wir nicht verändern. Folgender Code würde deshalb eine Fehlermeldung erzeugen:

```
primzahlen[0] = 1        # Fehler
```

Ebenso wenig können dem Tupel weitere Werte wie bei einer Liste hinzugefügt werden. Möglich ist es aber, ein Tupel durch Hinzufügen eines Tupels zu erweitern. Wenn wir dieses nur aus einer Zahl erstellen wollen, müssen wir diese in runde Klammern schreiben und dahinter ein Komma setzen:

```
primzahlen += (23,)
```
Bei mehreren Elementen wird das Komma nach dem letzten Element nicht benötigt:

```
primzahlen += (23, 29)
print(primzahlen)
```

Wenn wir einer „Variablen" mehrere Werte gleichzeitig zuweisen, erzeugen wir damit automatisch ein Tupel. Die Klammern müssen also nicht unbedingt gesetzt werden. Außerdem kann ein Tupel auch aus Werten verschiedener Datentypen bestehen:

```
t = 1, 2, 3, "wort"
print(type(t))
print(t)
```

Konsolenausgabe:

```
(2, 3, 5, 7, 11, 13, 17, 19)
5
(2, 3, 5)
(2, 3, 5, 7, 11, 13, 17, 19, 23, 29)
<class 'tuple'>
(1, 2, 3, 'wort')
```

3.6 Mehrdimensionale Datenstrukturen

In manchen Situationen benötigen wir Datenstrukturen, die selbst Elemente beinhalten, die in Form von Datenstrukturen vorliegen müssen.

Nehmen wir an, wir müssten eine Software entwickeln, die eine Vielzahl von Büchern, Möbeln, Kühlschränken, o. ä. verwalten soll, dann haben all diese Produkte mehrere Eigenschaften, die sich in Datenstrukturen zusammenfassen lassen. Wenn wir eine Vielzahl dieser Produkte verwalten müssen, bietet es sich an, von jedem Produkt eine Liste zu erstellen, in der wir sämtliche Produkte der gleichen Art zusammenfassen und bearbeiten können.

Unsere beiden Fahrzeuge können wir also in eine Liste speichern, die wir „auto_liste" nennen:

```
erstes_auto = ["Mercedes", "E 300 Limousine", 54600, 258]
zweites_auto ["BMW", "530i Limousine", 51900, 252]

auto_liste = [erstes_auto, zweites_auto]
```

Damit haben wir eine Liste, bestehend aus zwei Listen erzeugt. Wenn wir diese neue Liste ausgeben lassen, sehen wir, dass in der Konsolenausgabe zwei äußere eckige Klammern angezeigt werden, in denen sich die beiden Listen, ebenfalls von eckigen Klammern umgeben, befinden:

```
print(auto_liste)
```

Damit haben wir eine Datenstruktur aus zwei Dimensionen. In der 1. Dimension sprechen wir ein einzelnes Fahrzeug an, also das erste oder das zweite Fahrzeug. In der 2. Dimension sprechen wir ein Element des Fahrzeugs an, das wir in der 1. Dimension bestimmt haben, also die Marke, das Modell, den Preis oder die Leistung des bestimmten Fahrzeugs.

Wenn wir auf Elemente eines bestimmten Fahrzeugs zugreifen wollen, müssen wir damit in zwei eckigen Klammern angeben, welches Fahrzeug (1. Dimension) und welche Eigenschaft dieses Fahrzeugs (2. Dimension) wir meinen:

```
print(auto_liste[0][1])
print(auto_liste[1][1])
```

In der gleichen Weise müssen wir die Elemente auch ansprechen, wenn wir deren Werte abändern wollen:

```
auto_liste[0][2] = 56000
```

```
print(auto_liste[0][2])
```

Eine Liste können wir auch aus mehreren Dictionaries erstellen. Wir weisen unseren beiden Listen die Werte als Dictionary zu und übergeben diese unserer „auto_liste":

```
erstes_auto = {"marke" : "Mercedes", "modell" : "E 300 Limousine",
               "preis" : 54600, "leistung" : 258}
zweites_auto = {"marke" : "BMW", "modell" : "530i Limousine",
               "preis" : 51900, "leistung" : 252}

auto_liste = [erstes_auto, zweites_auto]
```

Bei der Ausgabe der Liste sehen wir jetzt innerhalb der äußeren eckigen Klammern zwei geschweifte Klammern für die Dictionaries:

```
print(auto_liste)
```

Wenn wir eine Liste aus Datenstrukturen erstellen, müssen wir uns in der 2. Dimension an die Regeln der jeweiligen Datenstruktur halten. Hier müssen wir die Modelle der beiden Fahrzeuge mit dem Schlüssel (key) ansprechen:

```
print(auto_liste[0]["modell"])
print(auto_liste[1]["modell"])
```

Deutlich wird dieses Prinzip auch bei einer Liste aus zwei Sets, bei der die Reihenfolge der Elemente in der Konsolenausgabe auch zufällig ist:

```
erstes_auto = {"Mercedes", "E 300 Limousine", 54600, 258}
zweites_auto = {"BMW", "530i Limousine", 51900, 252}

auto_liste = [erstes_auto, zweites_auto]
print(auto_liste)
print(auto_liste[0])
```

Ebenso können wir eine Liste aus mehreren Tupeln erstellen. Die Elemente der Tupel können wir in diesem Fall ebenso nicht abändern.

Umgekehrt können wir anderen Datenstrukturen Listen übergeben, beispielsweise ein Dictionary aus zwei Listen erzeugen. In den meisten Fällen macht es aber mehr Sinn, wenn die übergeordnete Datenstruktur eine Liste ist, weil wir diese am einfachsten und flexibelsten gestalten und handhaben können.

Konsolenausgabe:

```
[['Mercedes', 'E 300 Limousine', 54600, 258], ['BMW', '530i Limousine',
51900, 252]]
E 300 Limousine
530i Limousine
56000
```

```
[{'marke': 'Mercedes', 'modell': 'E 300 Limousine', 'preis': 54600, 'leis-
tung': 258}, {'marke': 'BMW', 'modell': '530i Limousine', 'preis': 51900,
'leistung': 252}]
E 300 Limousine
530i Limousine
[{54600, 258, 'E 300 Limousine', 'Mercedes'}, {'530i Limousine', 'BMW',
51900, 252}]
{54600, 258, 'E 300 Limousine', 'Mercedes'}
```

[{'marke': 'Mercedes', 'modell': 'E 300 Limousine', 'preis': 54600, 'leistung': 258}, {'marke': 'BMW', 'modell': '530i Limousine', 'preis': 51900,
'leistung': 252}]

3.7 Programmieraufgabe 2

Vervollständige folgenden Code, indem Du nach den Kommentaren die entsprechenden Codezeilen programmierst, wie im Beispiel der letzten Codezeile:

```
print("Willkommen in unserem Buchclub!")

# Die Mitglieder Maximilian, Andrea, Markus und Claudia sollen in eine Liste
gespeichert werden.

# Die Anzahl der Mitglieder soll ausgegeben werden

# Das neueste Mitglied (letztes Mitglied in der Liste) soll ausgegeben werden

# Konsolenausgabe, dass das neueste Mitglied den Buchclub verlassen hat

# Das neueste Mitglied in der Liste soll gelöscht werden

# Das neueste Mitglied soll ausgegeben werden
print("Unser neuestes Mitglied ist jetzt", ...)
```

Der Buchclub existiert noch nicht lange. Bis jetzt wurden drei Bücher besprochen:

Autor	Titel	Genre
Jules Verne	20000 Meilen unter den Meeren	Fantasy
Friedrich Schiller	Die Räuber	Klassische Literatur
Douglas Adams	Per Anhalter durch die Galaxis	Humor

Überlege Dir, mit welcher Datenstruktur die Bücher abgespeichert werden können, um diese anhand ihres Autors, Titels und Genres anzusprechen.

Weise die Bücher jeweils Variablen der entsprechenden Datenstruktur zu, z. B.:

```
buch_1 = ...
buch_2 = ...
buch_3 = ...
```

Die Bücher sollen anschließend in eine Liste gespeichert werden.

Folgende Ausgabe soll den <u>Titel und Autor des aktuellen Buches</u> (letztes Buch aus der Liste von Büchern) wiedergeben:

```
print("Derzeit lesen wir", ... , "von", ... + ".")
```

Viel Spass und viel Erfolg!

3.8 Lösungsvorschlag Programmieraufgabe 2

Konsolenausgabe:

```
Willkommen in unserem Buchclub!
Unser Buchclub besteht aus 4 Mitgliedern.
Unser neuestes Mitglied: Claudia
Claudia hat unseren Buchclub verlassen.
Unser neuestes Mitglied ist jetzt: Markus

Derzeit lesen wir Per Anhalter durch die Galaxis von Douglas Adams.
```

Code:

```
print("Willkommen in unserem Buchclub!")

# Die Mitglieder Maximilian, Andrea, Markus und Claudia sollen in eine Liste
gespeichert werden.
mitglieder = ["Maximilian", "Andrea", "Markus", "Claudia"]

# Die Anzahl der Mitglieder soll ausgegeben werden
print("Unser Buchclub besteht aus", len(mitglieder), "Mitgliedern.")

# Das neueste Mitglied (letztes Mitglied in der Liste) soll ausgegeben werden
print("Unser neuestes Mitglied:", mitglieder[-1])

# Konsolenausgabe, dass das neueste Mitglied den Buchclub verlassen hat
print(mitglieder[-1], "hat unseren Buchclub verlassen.")

# Das neueste Mitglied in der Liste soll gelöscht werden
del(mitglieder[-1])

# Das neueste Mitglied soll ausgegeben werden
print("Unser neuestes Mitglied ist jetzt:", mitglieder[-1])

print()

buch_1 = {"autor" : "Jules Verne", "titel" : "20000 Meilen unter den Meeren",
          "genre" : "Fantasy"}
buch_2 = {"autor" : "Friedrich Schiller", "titel" : "Die Räuber",
          "genre" : "Klassische Literatur"}
buch_3 = {"autor" : "Douglas Adams", "titel" : "Per Anhalter durch die Galaxis",
          "genre" : "Humor"}

buecher = [buch_1, buch_2, buch_3]

print("Derzeit lesen wir", buecher[-1]["titel"], "von", buecher[-1]["autor"]
      + ".")
```

4 Kontrollstrukturen

Ein Programm wird erst dann flexibel und interaktiv, wenn es die Möglichkeit bietet, für bestimmte Situationen bestimmte Folgen vorzusehen oder wenn es bestimmte Anweisungen auch mehrfach ausführen kann, solange oder bis eine bestimmte Bedingung eingetreten ist. Hierfür benötigen wir Kontrollstrukturen.

Kontrollstrukturen lassen sich unterteilen in Verzweigungen, die Anweisungen für den Fall vorsehen, dass eine oder mehrere Bedingungen erfüllt sind und Schleifen, mit denen wir Anweisungen wiederholt ausführen lassen können.

4.1 Verzweigungen

Eine Verzweigung leiten wir mit dem Schlüsselwort „if" ein und schreiben danach eine Bedingung, die vorliegen muss, damit eine oder mehrere Anweisungen ausgeführt werden. Die Bedingung schließen wir mit einem Doppelpunkt ab. In die nächsten Codezeilen können wir dann eine oder mehrere Anweisungen programmieren, die ausgeführt werden, wenn die Bedingung erfüllt wurde. Die Codezeilen, in denen die Anweisungen stehen, müssen dabei eingerückt sein.

Die einfachste Form der If-Verzweigung kann mit einer bool-Variable erzeugt werden, der wir den Wert „True" übergeben:

```
bedingung = True
if bedingung:
    print("Bedingung erfüllt!")
```
Weil die Programmiersprache Python auf Klammern verzichtet, ist es wichtig, auf die Einrückungen zu achten. Wenn die Ausgabeanweisung nicht eingerückt unter der Bedingungsprüfung steht, gehört dieser Befehl nicht zur Verzweigung.

Häufiger werden bestimmte Vergleiche als Bedingung verwendet. In folgendem Beispiel soll eine Ausgabe nur dann erfolgen, wenn eine eingegebene Zahl genau „12" ist:

```
print("Bitte geben Sie eine Zahl ein:")
zahl = eval(input())

if zahl == 12:
    print("Die eingegebene Zahl entspricht einem Dutzend.")
```
Wenn wir Werte miteinander Vergleichen wollen, müssen wir in der Programmiersprache Python zwei Gleichheitszeichen als Operator verwenden („=="). Das einfache Gleichheitszeichen („=") bedeutet nämlich nicht einen Vergleich, sondern eine Wertzuweisung.

Die If-Verzweigung lässt sich auch mit einem else-Zweig erweitern, für den wir das Schlüsselwort „else" verwenden und anschließend einen weiteren eingerückten Codebereich für die Anweisungen erschaffen. Die Anweisungen im else-Zweig werden nur dann ausgeführt, wenn die vorher geprüfte Bedingung nicht erfüllt wurde:

```
print("Bitte geben Sie die Antwort auf alles ein (es muss eine Zahl sein):")
```

```
zahl = eval(input())

if zahl == 42:
    print(zahl, "ist die Antwort auf alles.")
else:
    print("Leider falsch...")
```

In einer If-Verzweigung können wir auch mehrere Bedingungen nacheinander prüfen. Für die Prüfungen ab der zweiten Prüfung wird das Schlüsselwort „elif" verwendet. In der Verzweigung wird dann zuerst die Bedingung im if-Zweig geprüft. Wenn diese nicht erfüllt wurde, wird die Bedingung im elif-Zweig geprüft. Wir können auch mehrere elif-Zweige nacheinander verwenden:

```
print("Bitte geben Sie noch eine Zahl ein:")
zahl = eval(input())

if zahl == 10:
    print("Sie haben die Zahl 10 eingegeben.")
elif zahl == 100:
    print("Sie haben die Zahl 100 eingegeben.")
elif zahl == 0:
    print("Sie haben die Zahl 0 eingegeben.")
else:
    print("Sie haben die Zahl", zahl, "eingegeben.")
```

Bei der Prüfung von Texten müssen wir den zu prüfenden Text in der Verzweigung ebenfalls in Anführungszeichen setzen:

```
print("Welche Programmiersprache lernen wir gerade?:")
antwort = input()

if antwort == "Python":
    print("Richtig!")
else:
    print("Falsch!")
```

Konsolenausgabe:

```
Bedingung erfüllt!
Bitte geben Sie eine Zahl ein:
12
Die eingegebene Zahl entspricht einem Dutzend.
Bitte geben Sie die Antwort auf alles ein (es muss eine Zahl sein):
21
Leider falsch...
Bitte geben Sie noch eine Zahl ein:
11
Sie haben die Zahl 11 eingegeben.
Welche Programmiersprache lernen wir gerade?:
Python
Richtig!
```

4.2 Operatoren für Kontrollstrukturen

Wir können Operatoren für Kontrollstrukturen unterteilen in Vergleichsoperatoren und logische Operatoren:

Vergleichsoperatoren	
== !=	Gleich und Ungleich
< >	Kleiner als, Größer als
<= >=	Kleiner gleich, Größer gleich
In	testet, ob Element in Aufzählung ist
Logische Operatoren	
Not	Logisches nicht
And	Und (beide Bedingungen müssen erfüllt sein)
Or	Oder (eine der Bedingungen muss erfüllt sein)

Die Vergleichsoperatoren können wir verwenden, um Anweisungen für den Fall vorzusehen, dass sich ein Wert seiner Größe nach von einem anderen Wert unterscheidet, bzw. in einer bestimmten Weise oder auch nicht unterscheidet:

```
print("Bitte geben Sie eine Zahl ein:")
zahl = eval(input())

if zahl == 12:
    print("Die Zahl ist genau ein Dutzend.")
elif zahl <= 12:
    print("Die Zahl ist kleiner als ein Dutzend.")
else:
    print("Die Zahl ist grösser als ein Dutzend.")
```

Verzweigungen können auch ineinander verschachtelt werden. Im else-Zweig der Verzweigung können wir eine weitere Verzweigung programmieren, beispielsweise folgende:

```
if zahl != 100:
    print("Die Zahl ist aber nicht 100.")
```

Die logischen Operatoren können wir in Bedingungen verwenden, in denen wir bestimmte Werte verneinen oder miteinander in eine logische Beziehung bringen wollen.

Der logische Nicht-Operator (not) kann verwendet werden, um eine Bedingung zu verneinen, sodass für den Fall, dass eine Bedingung nicht vorliegt, die entsprechenden Anweisungen ausgeführt werden:

```
if not (10 > 15):
    print("\nDie Zahl 10 ist nicht grösser als 15.\n")
```

Bei Vergleichen zwischen zwei Zahlen wird grundsätzlich der Ungleich-Operator verwendet. Das logische Nicht wird eher bei Bedingungsvariablen oder zusammengesetzten Bedingungsketten (wie hier in der Klammer) verwendet.

Das logische Und, bzw. logische Oder verknüpft mehrere Bedingungen miteinander in der Form, dass beim logischen Und beide Bedingungen und beim logischen Oder nur eine der genannten Bedingungen vorliegen muss:

```
print("Bitte geben Sie eine weitere Zahl zwischen 1 und 100 ein:")
zahl = eval(input())
if zahl >= 1 and zahl <= 100:
    ausgabe = "Die Eingabe war korrekt."
    if zahl == 1 or zahl == 100:
        ausgabe += " Genau an der Grenze!"
    print(ausgabe)
else:
    print("Ungültige Eingabe...")
```

Bei verschachtelten Verzweigungen müssen wir besonders auf die Einrückungen achten, wie dieses Beispiel zeigt. Würde die Ausgabeanweisung „print(ausgabe)" in der inneren Verzweigung genau unter der Verkettung mit dem Text „ Genau an der Grenze!" stehen, würde diese nur dann ausgeführt werden, wenn die Zahl 1 oder 100 eingegeben wurde.

Besonders praktisch in der Programmiersprache Python ist der „in"-Operator, den wir im Zusammenhang mit Datenstrukturen wie Listen verwenden können, um zu prüfen, ob diese einen bestimmten Wert enthält:

```
erste_liste = [13, 14, 15]

if 12 in erste_liste:
    print("Die Zahl 12 ist in der Liste.")
```

Der in-Operator lässt sich auch mit dem not-Operator verbinden:

```
if not 12 in erste_liste:
    print("Die Zahl 12 ist nicht in der Liste.")
```

Für die Testung der Ungleichheit ist in jedem Fall der Ungleich-Operator („!=") zu empfehlen. Einerseits, weil sich dieser leichter liest, andererseits weil der not-Operator faktisch nicht immer das gleiche Ergebnis liefert wie der Ungleich-Operator, vor allem im Zusammenhang mit dem is-Operator, bei dem es um Objektreferenzen geht. Wir verwenden für beide Fälle die Variable „x" und weisen dieser einen Wert zu:

```
x = 11
```

Die Schreibweise mit dem !=-Operator sieht folgendermaßen aus:

```
if x != 12:
    print("x ist ungleich 12.")
```

Zum Vergleich die Schreibweise mit dem Not-Operator:

```
if not x == 12:
    print("x ist nicht gleich 12.")
```

Fazit: Wenn wir Daten vergleichen, sollten wir grundsätzlich die Operatoren „==" und „!=" verwenden.

Konsolenausgabe:

```
Bitte geben Sie eine Zahl ein:
19
Die Zahl ist grösser als ein Dutzend.
Die Zahl ist aber nicht 100.

Die Zahl 10 ist nicht grösser als 15.

Bitte geben Sie eine weitere Zahl zwischen 1 und 100 ein:
100
Die Eingabe war korrekt. Genau an der Grenze!
Die Zahl 12 ist nicht in der Liste.
x ist ungleich 12.
x ist ungleich 12.
```

4.3 While-Schleife

Nachdem wir mit den Verzweigungen in der Lage sind, bestimmte Anweisungen im Programmcode nur unter bestimmten Bedingungen ausführen zu lassen, geht es bei den Schleifen darum, wie wir diese Anweisungen unter bestimmten Bedingungen wiederholt ausführen lassen können.

Hierfür können wir die While-Schleife verwenden. Die Schleife definieren wir mit dem Schlüsselwort „while" und schreiben dahinter die Bedingung, die vorliegen muss, damit die Schleife betreten wird. Wie bei der Verzweigung schließen wir die Bedingung mit einem Doppelpunkt ab.

Anschließend schreiben wir in den eingerückten Codebereich die Anweisungen, die wir ausführen lassen wollen. Die Anweisungen werden ausgeführt, solange die Bedingung erfüllt ist:

```
x = 0

while x <= 100:
    print(x)
    x += 10
```

Besonders wichtig hierbei ist, dafür zu sorgen, dass die Variable „x" im Wert erhöht wird, damit die Schleife nicht zur Endlosschleife wird (was bei While-Schleifen gerne vergessen wird). Im Rahmen der Schleife garantieren wir das durch die Erhöhung des Wertes von „x" um 10 bei jedem Schleifendurchlauf. Die Variable „x" ist für die Schleife damit eine sog. Zählvariable, die hier die Anzahl der Schleifendurchläufe bestimmt. Die Schleife gibt die Zahlen von 0 bis einschließlich 100 in 10er-Schritten in jeweils einer neuen Zeile aus.

Schleifen müssen nicht unbedingt von sich aus ohne Unterbrechung komplett durchlaufen. Vor allem die While-Schleife eignet sich gut dafür, eine Benutzerinteraktion in die Schleife „einzubauen". Im folgenden Beispiel soll eine Zahlenliste nacheinander mit 5 Werten befüllt werden. Bei jedem Schleifendurchlauf wird die Programmausführung durch die Möglichkeit der Zahleneingabe gestoppt:

```
print("Wir erstellen eine Liste aus 5 Zahlen.")
zahlen = []

i = 1
while i <= 5:
    print("Bitte geben Sie die", str(i) + ". Zahl ein:")
    zahlen.append(eval(input()))
    i += 1

print(zahlen)
```

Konsolenausgabe:

```
0
10
20
30
40
50
60
70
80
90
100
Wir erstellen eine Liste aus 5 Zahlen.
Bitte geben Sie die 1. Zahl ein:
2
Bitte geben Sie die 2. Zahl ein:
3
Bitte geben Sie die 3. Zahl ein:
7
Bitte geben Sie die 4. Zahl ein:
9
Bitte geben Sie die 5. Zahl ein:
12
[2, 3, 7, 9, 12]
```

4.4 For-Schleife

Neben der While-Schleife steht mit der For-Schleife ein grundsätzlich anderer Schleifentyp zur Verfügung. Die For-Schleife wird mit dem Schlüsselwort „for" eingeleitet. Danach wird ein Element bezeichnet, mit dem in der For-Schleife gearbeitet wird. Danach folgen die Schlüsselwörter „in" und die Elementgruppe, die durchlaufen werden soll. Mit dem Element können wir wie mit einer Variablen arbeiten:

```
for i in [3, 7, 21]:
    print("Das nächste Element:", i)
    print("Das Element verdoppelt:", i * 2)
```

Der Name dieses Elements muss nicht von sich aus vielsagend sein. Oft ist es sogar sinnvoll, diesen eher kurz zu halten, beispielsweise nur mit einem Buchstaben zu benennen, um keine Namensverwechslungen mit Variablen zu erzeugen. Das Element, welches im Rahmen der For-Schleife erzeugt wird, sollte eigentlich nur für diese Schleife gedacht sein, es kann aber (im Gegensatz zu vielen anderen Programmiersprachen!) nach Verlassen der Schleife weiterverwendet werden.

Beispiel 1:

```
name = "Thomas"
print(name)

namen = ["Maximilian", "Julia", "Markus", "Claudia"]
# Variable "name" gleich wie Elementname der For-Schleife (Verwechslungsgefahr)
for name in namen:
    print(name)

# Claudia wird außerhalb der Schleife erneut ausgegeben!
print(name)
```

Beispiel 2:

```
name = "Thomas"
print(name)

namen = ["Maximilian", "Julia", "Markus", "Claudia"]
for n in namen:
    print(n)

# Thomas wird außerhalb der Schleife erneut ausgegeben!
print(name)
```

Die For-Schleife eignet sich vor allem für das Durchlaufen von Zahlenreihen mit der range()-Funktion. Folgender Code durchläuft eine Zahlenreihe von 1 bis 9:

```
for i in range(1, 10):
    print(i)
```
Der festgelegte Endpunkt muss hierbei um 1 höher liegen als der eigentlich gewollte Endpunkt.

Mit folgendem Code durchläuft die Schleife eine Zahlenreihe von 10 bis einschließlich 28, aber nur in geraden Zahlen:

```
for i in range(10, 29, 2):
    print(i)
```

Der Zahlendurchlauf ist auch rückwärts, beispielsweise von 30 bis 0 in 5er-Schritten, möglich:

```
for i in range(30, -1, -5):
    print(i)
```

Konsolenausgabe:

```
Das nächste Element: 3
Das Element verdoppelt: 6
Das nächste Element: 7
Das Element verdoppelt: 14
Das nächste Element: 21
Das Element verdoppelt: 42
Thomas
Maximilian
Julia
Markus
Claudia
Thomas
1
2
3
4
5
6
7
8
9
10
12
14
16
18
20
22
24
26
28
30
25
20
15
10
5
0
```

4.5 Break und Continue

Mit den Schlüsselwörtern „break" und „continue" können Schleifen vorzeitig beendet oder wiederholt werden.

Beide Schlüsselwörter werden wir in einer Endlosschleife nutzen. In manchen Bereichen programmiert man klassischerweise mit einer Endlosschleife. Bei der Spieleentwicklung beispielsweise spricht man von der „Game Loop", die dafür sorgt, dass das Spiel grundsätzlich weiterläuft, solange es nicht abgebrochen wird. Damit würde diese Schleife aber unendlich lange laufen (es sei denn, das Programm stürzt irgendwann einmal ab...), was natürlich nicht gewollt sein kann. Um eine Ausstiegsmöglichkeit zu schaffen, können wir das Schlüsselwort „break" verwenden, mit dem die Schleife verlassen wird.

Wir nutzen das Schlüsselwort im Rahmen eines Programmes, das zwei eingegebene Zahlen so oft miteinander teilt, bis der Nutzer keine weitere Berechnung mehr möchte:

```python
print("Wir teilen Zahlen im Rahmen einer Endlosschleife...")

while True:
    print("Bitte geben Sie den Zähler ein:")
    erste_zahl = eval(input())
    print("Bitte geben Sie den Nenner ein:")
    zweite_zahl = eval(input())
    print("Rechenergebnis:", erste_zahl / zweite_zahl)

    print("Wollen Sie eine weitere Berechnung? (y für Ja eingeben):")
    eingabe = input()
    if eingabe != "y" and eingabe != "Y":
        break
```

Das Schlüsselwort „continue" sorgt dafür, dass an einer bestimmten Stelle die Schleife wiederholt wird und damit der Code nach der Continue-Anweisung nicht mehr ausgeführt wird. Die Schleife beginnt also wieder von vorne. In unserem Beispiel können wir die Continue-Anweisung verwenden, wenn eine 0 eingegeben wurde (weil wir ansonsten einen Laufzeitfehler erhalten würden). Den Code schreiben wir vor die Ausgabe des Rechenergebnisses:

```python
    zweite_zahl = eval(input())

    # Code hier einfügen
    if erste_zahl == 0 or zweite_zahl == 0:
        print("Eingabe ungültig. Keine der Zahlen darf 0 sein")
        continue

    print("Rechenergebnis:", erste_zahl / zweite_zahl)
```

Konsolenausgabe:

```
Wir teilen Zahlen im Rahmen einer Endlosschleife...
Bitte geben Sie den Zähler ein:
4
Bitte geben Sie den Nenner ein:
3
Rechenergebnis: 1.3333333333333333
Wollen Sie eine weitere Berechnung? (y für Ja eingeben):
y
Bitte geben Sie den Zähler ein:
0
Bitte geben Sie den Nenner ein:
2
Eingabe ungültig. Keine der Zahlen darf 0 sein
Bitte geben Sie den Zähler ein:
15
Bitte geben Sie den Nenner ein:
3
Rechenergebnis: 5.0
Wollen Sie eine weitere Berechnung? (y für Ja eingeben):
n
```

4.6 For-Schleife und Datenstrukturen

Die For-Schleife eignet sich für die Verwendung im Zusammenhang mit Datenstrukturen, weil wir mit dieser Schleifenform jedes Element in einer Datenstruktur einfach durch Benennen der Datenstruktur ansprechen können.

Im folgenden Beispiel durchlaufen wir eine Liste von Zahlen mit einer For-Schleife. Dabei werden wir im Rahmen der Schleife prüfen, ob die angesprochene Zahl eine bestimmte Bedingung erfüllt und die Zahl in diesem Fall ausgeben:

```
zahlen = [1, 4, 9, 6, 7, 2]
for z in zahlen:
    if z <= 5:
        print(z)
```

Wir programmieren ein weiteres Beispiel mit einer Liste aus Zeichenketten, die wir mit einer For-Schleife zu einem Text hinzufügen. Die einzelnen Elemente werden wir mit einem Komma voneinander trennen. Im Rahmen der Schleife bestimmen wir, dass für den Fall, dass es sich hierbei um das letzte Element der Liste handelt, kein Komma am Ende stehen soll:

```
fruechte_liste = ["Äpfel", "Bananen", "Pfirsiche", "Melone"]
fruechte = ""
for f in fruechte_liste:
    if f == fruechte_liste[-1]:
        fruechte += f
    else:
        fruechte += f + ", "
print(fruechte)
```

Die For-Schleife im Zusammenhang mit einem Dictionary bewirkt, dass die Schlüssel angesprochen werden:

```
fruechte_preise = {"Äpfel" : 1.20, "Bananen" : 1.35, "Pfirsiche" : 1.55,
                   "Melone" : 2.75}
budget = 2.0
for f in fruechte_preise:
    print(f)
```

Die Werte können auch im Rahmen der Schleife durch den Schlüssel angesprochen werden:

```
for f in fruechte_preise:
    print(fruechte_preise[f])
```
Die Werte können auch im Rahmen der Schleife abhängig von einer Bedingung genutzt werden:

```
    if fruechte_preise[f] <= budget:
        print(fruechte_preise[f])
        print("Restbetrag:", budget - fruechte_preise[f])
    else:
        print("Ware nicht bezahlbar.")
```

Schlüssel und Werte können auch gemeinsam in einer Schleife ausgegeben werden. Hierfür nutzen wir eine Variable für den Schlüssel und eine Variable für den Wert. Alle Schlüssel und Werte sprechen wir mit der items()-Funktion an:

```
for f, p in fruechte_preise.items():
    print(f, p)
    if p == 1.55:
        print(f, "kostet 1,55")
```

In folgendem Beispiel nutzen wir eine For-Schleife, um Schlüssel und Werte des Früchte-Dictionary un-tereinander ausgeben zu lassen. Wir wollen dabei alle bezahlbaren Früchte nummeriert untereinander auflisten und dem Nutzer eine Auswahl durch Eingabe einer Zahl ermöglichen. Dabei ist es sinnvoll, die Schlüssel mithilfe der list()-Funktion in eine Liste umzuwandeln:

```
print("Welches Obst möchten Sie kaufen?")
nummer = 0
for f in fruechte_preise:
    if fruechte_preise[f] <= budget:
        nummer += 1
        print(nummer, ":", list(fruechte_preise.keys())[nummer -1],
                fruechte_preise[f])
```

Im nächsten Schritt wird die Auswahl der Frucht (Eingabe der Zahl bearbeitet):

```
auswahl = eval(input("Ihre Auswahl: "))
budget -= list(fruechte_preise.values())[auswahl -1]
print("Sie haben", list(fruechte_preise.keys())[auswahl -1], "gekauft.")
print("Ihr jetziges Budget:", budget)
```

Konsolenausgabe:

```
1
4
2
Äpfel, Bananen, Pfirsiche, Melone
Äpfel
Bananen
Pfirsiche
Melone
1.2
1.2
Restbetrag: 0.8
1.35
1.35
Restbetrag: 0.6499999999999999
1.55
1.55
Restbetrag: 0.4499999999999996
2.75
Ware nicht bezahlbar.
Äpfel 1.2
Bananen 1.35
Pfirsiche 1.55
Pfirsiche kostet 1,55
```

```
Melone 2.75
Welches Obst möchten Sie kaufen?
1 : Äpfel 1.2
2 : Bananen 1.35
3 : Pfirsiche 1.55
2
Sie haben Bananen gekauft.
Ihr jetziges Budget: 0.6499999999999999
```

Melone 2.75
Welches Obst möchten Sie kaufen?

4.7   Programmieraufgabe 3

Programmiere ein Quiz!

Gebe nacheinander 3 einfache Mathematikaufgaben und anschließend 2 allgemeine Fragen (z. B. „Wie heisst die Landeshauptstadt von Bayern?" oder „Aus wie vielen Bundesländern besteht Deutschland?") aus.

Jedes Mal, wenn die richtige Antwort eingegeben wurde, soll die Punktzahl um 1 erhöht werden. Das Quiz ist mit 4 (von 5) Punkten gewonnen.

Nachdem alle Fragen gestellt wurden, soll eine Punkteauswertung erfolgen.

Bei 5 Punkten soll mitgeteilt werden, dass die volle Punktzahl erreicht wurde, bei 4 Punkten soll eine andere Erfolgsmeldung kommen. Ansonsten soll die Punkteanzahl mitgeteilt werden mit der Bitte, es noch einmal zu versuchen.

Wenn nicht die volle Punktzahl (5 Punkte) erreicht wurde, soll das Programm fragen, ob ein neuer Versuch gewünscht ist. Wenn „y" oder „Y" eingegeben wurde, soll das Quiz erneut gestartet werden, anderenfalls nicht. Wenn die volle Punktzahl erreicht wurde, soll das Programm automatisch beendet werden.

Tipp: Der gesamte Programmablauf sollte in eine Schleife eingebunden werden.

Viel Spass und viel Erfolg!

4.8 Lösungsvorschlag Programmieraufgabe 3

Konsolenausgabe:

```
### QUIZ # QUIZ # QUIZ ###
Willkommen in der Auswahlrunde. Jede richtige Antwort gibt einen Punkt!

3 + 12 ergibt:
11
15 X 4 ergibt:
11
33 / 3 ergibt:
11
Wie heisst die Landeshauptstadt von Bayern?
München
Aus wie vielen Bundesländern besteht Deutschland?
16
Punkteauswertung...
Sie haben 3 Punkte erreicht. Versuchen Sie es noch einmal.
Wollen Sie das Quiz wiederholen? (y für Ja eingeben)
y
3 + 12 ergibt:
1
15 X 4 ergibt:
1
33 / 3 ergibt:
1
Wie heisst die Landeshauptstadt von Bayern?
München
Aus wie vielen Bundesländern besteht Deutschland?
16
Punkteauswertung...
Sie haben 2 Punkte erreicht. Versuchen Sie es noch einmal.
Wollen Sie das Quiz wiederholen? (y für Ja eingeben)
n
```

Code:

```
print("### QUIZ # QUIZ # QUIZ ###")
print("Willkommen in der Auswahlrunde. Jede richtige Antwort gibt einen
      Punkt!\n")

while True:
    punkte = 0

    print("3 + 12 ergibt:")
    antwort = eval(input())

    if antwort == 15:
        punkte += 1

    print("15 X 4 ergibt:")
    antwort = eval(input())

    if antwort == 60:
        punkte += 1

    print("33 / 3 ergibt:")
    antwort = eval(input())

    if antwort == 11:
        punkte += 1

    print("Wie heisst die Landeshauptstadt von Bayern?")
    antwort = input()

    if antwort == "München" or antwort == "Muenchen":
        punkte += 1

    print("Aus wie vielen Bundesländern besteht Deutschland?")
    antwort = eval(input())

    if antwort == 16:
        punkte += 1

    print("Punkteauswertung...")

    if punkte == 5:
        print("Herzlichen Glückwunsch! Sie haben die volle Punktzahl (",
            punkte, ") Punkte erreicht!")
        break
    elif punkte == 4:
        print("Herzlichen Glückwunsch! Sie haben", punkte, "Punkte erreicht.")
        print("Wollen Sie das Quiz wiederholen? (y für Ja eingeben)")
        antwort = input()
        if not (antwort == "y" or antwort == "Y"):
            break
    elif punkte == 1:
        print("Sie haben", punkte, "Punkt erreicht. Versuchen Sie es noch
            einmal.")
        print("Wollen Sie das Quiz wiederholen? (y für Ja eingeben)")
```

```
            antwort = input()
            if not (antwort == "y" or antwort == "Y"):
                break
    else:
            print("Sie haben", punkte, "Punkte erreicht. Versuchen Sie es noch
                einmal.")
            print("Wollen Sie das Quiz wiederholen? (y für Ja eingeben)")
            antwort = input()
            if not (antwort == "y" or antwort == "Y"):
                break
```

5 String-Funktionen, Formatierung, Datum und Zeit

In diesem Abschnitt gehen wir auf die Verarbeitung und Formatierung von Texten und Zahlen, sowie den Einsatz von Datums- und Uhrzeitfunktionen ein.

5.1 String-Funktionen

Wir beginnen mit der Verkettung einer Zahl mit einem Text – als kleine Wiederholung zum Thema Typumwandlung – in den Datentyp str (String). Grundsätzlich würde die Verkettung hier nicht funktionieren, wenn wir nur die Variable als solche verwenden. Folgender Code erzeugt eine Fehlermeldung:

```
zahl = 42
ausgabe = "Die Zahl " + zahl + " ist die gesuchte Zahl."    # Fehler
```

Die Verkettung funktioniert aber dann, wenn wir den Wert mit der str()-Funktion in einen String umwandeln:

```
ausgabe = "Die Zahl " + str(zahl) + " ist die gesuchte Zahl."
print(ausgabe)
```

Die Programmiersprache Python bietet eine Vielzahl von Funktionen, mit denen Zeichenketten verarbeitet werden können. Wir nutzen die String-Funktionen an einem Beispielsatz:

```
ausgabe = "Heute scheint die Sonne."
print(ausgabe)
```

Die Anzahl der Zeichen (inklusive Leerzeichen) im String kann durch die len()-Funktion ermittelt werden:

```
print("Zeichen:", len(ausgabe))
```

Zeichenketten oder Zeichen im String können wir mit der find()-Methode "von links" und mit der rfind()-Methode "von rechts" ermitteln. Die Zählung beginnt bei 0. Das Ergebnis erhöhen wir deshalb um 1:

```
print("Zeichen 'e' ist an Stelle:", ausgabe.find("e") +1)
print("Zeichen 'e' ist an Stelle:", ausgabe.rfind("e") +1)
```

Mit dem in-Operator können wir prüfen, ob ein Buchstabe im String vorkommt; falls ja, kann mit der count()-Methode ermittelt werden, wie oft:

```
zeichen = "e"
if zeichen in ausgabe:
    print("Zeichen", zeichen, "kommt im Satz", ausgabe.count(zeichen),
            "Mal vor.")
else:
    print("Zeichen", zeichen, "kommt im Satz nicht vor.")
```

Mit der lower()- und der upper()-Methode kann ein String komplett in Klein-, bzw. Großbuchstaben umgewandelt werden:

```
print("Satz kleingeschrieben:", ausgabe.lower())
print("Satz großgeschrieben:", ausgabe.upper())
```

Mit der split()-Methode kann eine Zeichenkette in mehrere Bestandteile getrennt werden. Die Methode liefert eine Liste, bestehend aus den Bestandteilen der Zeichenkette, zurück:

```
woerter = ausgabe.split(" ")
print(woerter)
print("Zweites Wort:", woerter[1])
```

Mit der join()-Methode können Zeichenketten verbunden werden. Die join()-Methode erspart uns beispielsweise die Verwendung einer Schleife, um die Elemente einer Liste in einen String zu fassen. In folgendem Beispiel enthält der String alle Elemente, mit einem Komma voneinander getrennt:

```
gekaufte_suessigkeiten_liste = ["Bonbons", "Lakritzschlangen", "Schokolade",
                                "Marzipanschwein"]
gekaufte_suessigkeiten_text = ", ".join(gekaufte_suessigkeiten_liste)
print(gekaufte_suessigkeiten_text)
```

Konsolenausgabe:

```
Die Zahl 42 ist die gesuchte Zahl.
Heute scheint die Sonne.
Zeichen: 24
Zeichen 'e' ist an Stelle: 2
Zeichen 'e' ist an Stelle: 23
Zeichen e kommt im Satz 5 Mal vor.
Satz kleingeschrieben: heute scheint die sonne.
Satz großgeschrieben: HEUTE SCHEINT DIE SONNE.
['Heute', 'scheint', 'die', 'Sonne.']
Zweites Wort: scheint
Bonbons, Lakritzschlangen, Schokolade, Marzipanschwein
```

5.2 Zahlen formatieren

In den folgenden Codezeilen werden wir Zahlen in verschiedenen Varianten formatieren und in verschiedenen Formaten ausgeben lassen. Dazu speichern wir zuerst ein Berechnungsergebnis in eine Variable. Dieses Berechnungsergebnis wird unformatiert nicht genau als 5,55, sondern mit vielen weiteren Nachkommastellen ausgegeben:

```
ergebnis = 4.44 + 3.33 - 2.22
```

In Python gibt es verschiedene Varianten, Kommazahlen zu formatieren.

Die älteste Variante wird mit dem %-Zeichen umgesetzt. Ein Beispiel für die auf zwei Nachkommastellen formatierte Ausgabe des Ergebnisses liefert folgender Code:

```
print("Formatierung mit %")
print(ergebnis)
print("%.2f" % ergebnis)
```

Seit Python 2.6 können Kommazahlen mit der .format()-Methode formatiert werden. Mit dieser können wir bestimmen, aus wie vielen Stellen (auch mit führender 0) insgesamt und wie vielen Nachkommastellen die formatierte Zahl bestehen soll:

```
print(".format-Schreibweise")
print(ergebnis)
# 5.55
print("{:.2f}".format(ergebnis))
#   5.55  (bis zu 6 Stellen insgesamt inklusive Punkt und zwei Nachkommastellen)
print("{:6.2f}".format(ergebnis))
# 05.550 (bis zu 6 Stellen insgesamt mit führender Null, inklusive Punkt und
drei Nachkommastellen)
print("{:06.3f}".format(ergebnis))
```

Die Format-Kurzschreibweise mit f"{...}" existiert seit Python 3.6 und ist die aktuellste und einfachste Form der formatierten Ausgabe von Zahlen. Die gleichen Ergebnisse wie oben liefert folgender Code:

```
print("f-Kurzschreibweise")
print(ergebnis)
# 5.55
print(f"{ergebnis:.2f}")
#   5.55 (bis zu 6 Stellen insgesamt inklusive Punkt und zwei Nachkommastellen)
print(f"{ergebnis:6.2f}")
# 05.550 (bis zu 6 Stellen insgesamt mit führender Null, inklusive Punkt und
drei Nachkommastellen)
print(f"{ergebnis:06.3f}")
```

Wenn wir Zahlen in der deutschen Schreibweise ausgeben lassen wollen, konkret also mit einem Komma, statt einem Punkt und einem Punkt für Tausendertrennzeichen, müssen wir das Modul „locale" importieren:

```
import locale
```

Aus dem Modul „locale" verwenden wir die setLocale()-Funktion, der wir je nach Betriebssystem leicht abweichende Parameter übergeben müssen. Danach können wir unser Ergebnis mit Komma und eine Zahl mit Tausendertrennzeichen ausgeben lassen:

```
# Windows:
locale.setlocale(locale.LC_ALL, "german")
# Linux: locale.setlocale(locale.LC_All, "de_DE.utf8")
# MacOs: locale.setlocale(locale.LC_All, "de_DE.UTF-8")

# Kommazahl mit Komma geschrieben
print(f"{ergebnis:n}")
```

```
# Ganzzahl mit Tausender-Trennzeichen
zahl = 12000000
print(f"{zahl:n} sind zwölf Millionen.")
```

Konsolenausgabe:

```
Formatierung mit %
5.550000000000001
5.55
.format-Schreibweise
5.550000000000001
5.55
    5.55
05.550
f-Kurzschreibweise
5.550000000000001
5.55
    5.55
05.550
5,55
12.000.000 sind zwölf Millionen.
```

5.3 Texte formatieren

Zeichenketten können mit der „f-Methode" formatiert werden. Dabei wird ein Text wie sonst auch in Anführungszeichen geschrieben. Dem Text wird aber der Buchstabe „f" vorangestellt. Vorteil der Text-formatierung mit der „f-Methode" ist zum Beispiel der, dass wir Variablen in formatierte Texte direkt einfügen können:

```
name = "Tobias"
alter = 24
ausgabe = f"Hallo {name}. Dein Alter: {alter}"
print(ausgabe)
```

Ebenso können wir Methoden und Funktionen im formatierten String auf diese Weise direkt nutzen:

```
ausgabe = f"{name} kleingeschrieben: {name.lower()}"
print(ausgabe)
```

Im formatierten String können wir neben Variablen auch Datenstrukturen direkt nutzen, beispielsweise eine Liste:

```
noten = [2, 1, 2, 3, 1]
ausgabe = f"{name} hatte im letzen Jahr einen Notendurchschnitt von
          {sum(noten)/len(noten)}."
print(ausgabe)
```

Das gleiche Beispiel mit einem Dictionary sieht wie folgt aus:

```
noten = {"Mathe" : 2, "Deutsch" : 1, "Englisch" : 2, "Physik" : 3,
         "Geschichte" : 1}
ausgabe = f"{name} hatte in Englisch eine {noten['Englisch']}."
print(ausgabe)
```

Konsolenausgabe:

```
Hallo Tobias. Dein Alter: 24
Tobias kleingeschrieben: tobias
Tobias hatte im letzen Jahr einen Notendurchschnitt von 1.8.
Tobias hatte in Englisch eine 2.
```

5.4 Datums- und Zeitwerte erzeugen

Um Datums- und Zeitwerte in Python erzeugen und verarbeiten zu können, importieren wir aus dem Modul „datetime" die Klasse „date" für Datumsfunktionen, die Klasse „time" für Uhrzeitfunktionen und die Klasse „datetime" für Funktionen zur Kombination aus Datum und Uhrzeit:

```
from datetime import date, time, datetime
```

Wir beginnen mit der Verarbeitung von Daten (gemeint ist jetzt der Plural von Datum):

```
print("Daten")
```

Ein Datum bestimmen wir mit einem Date-Objekt, dem wir Jahr, Monat und Tag als Zahlenwerte über-geben:

```
mein_datum = date(1998, 9, 15)
print(mein_datum)
```

Mit der today()-Methode erhalten wir das heutige Datum:

```
mein_datum = date.today()
print(mein_datum)
```

Das frühest- und spätestmögliche Datum in Python erhalten wir mit der min, bzw. der max-Funktion:

```
print(date.min)
print(date.max)
```

Ein Datum als Ordinal nach dem Gregorianischen Kalender erhalten wir mit der toordinal()-Methode. Die Methode liefert die seit dem 01.Januar des Jahres 1 nach Chr. begonnenen Tage:

```
print(date(2, 2, 1).toordinal())
print(date.today().toordinal())
```

Umgekehrt erhalten wir ein Datum aus einem Ordinal mit der fromordinal()-Methode:

```
print(date.fromordinal(397))
```

Wenn wir aus einem Datum den Wochentag ableiten wollen, können wir die weekday()-Methode verwenden. Hierbei erhalten wir eine Zahl von 0, die für den Montag steht, bis 6, die für den Sonntag steht:

```
print(date.today().weekday())
```

Den Namen des Wochentages liefert die strftime()-Methode, der wir eine Formatierungseinstellung als Parameter übergeben müssen. Den Namen zuerst komplett und danach in Kurzfassung ausgeschrieben erhalten wir mit folgenden Codes:

```
print(date.today().strftime("%A"))
print(date.today().strftime("%a"))
```

Jahr, Monat und Tag erhalten wir mit den Eigenschaften year, month und day:

```
print(mein_datum.year, mein_datum.month, mein_datum.day)
```

Wir setzen mit der Verarbeitung von Uhrzeiten in Python fort:

```
print("\nUhrzeiten")
```

Eine Uhrzeit können wir als Time-Objekt erschaffen, dem wir Stunde, Minute, Sekunde, ggf. Mikrosekunde, als Zahlenwerte übergeben:

```
meine_uhrzeit = time(15, 6, 23, 121144)
print(meine_uhrzeit)
meine_uhrzeit = time(15, 16)
print(meine_uhrzeit)
```

Stunde, Minute, Sekunde und Mikrosekunde aus einer Uhrzeit erhalten wir durch die Eigenschaften „hour", „minute", „second" und „microsecond":

```
print(meine_uhrzeit.hour, meine_uhrzeit.minute, meine_uhrzeit.second,
    meine_uhrzeit.microsecond)
```

Daten und Uhrzeiten können wir auch in einem Objekt vereinen, nämlich in einem Datetime-Objekt. Diesem übergeben wir Jahr, Monat und Tag, anschließend Stunde, Minute, Sekunde, Mikrosekunde:

```
print("\nDaten und Uhrzeiten")
mein_datum_uhrzeit = datetime(2020, 3, 22, 16, 39)
print(mein_datum_uhrzeit)
```

Das aktuelle Datum und die aktuelle Uhrzeit liefert die now()-Methode der datetime-Klasse:

```
print(datetime.now())
```

Das aktuelle Datum und die aktuelle Uhrzeit alleine liefern hieraus die date()- und die time()-Methoden:

```
print(datetime.now().date())
```

```
print(datetime.now().time())
```

Konsolenausgabe:

```
Daten
1998-09-15
2022-08-11
0001-01-01
9999-12-31
397
738378
0002-02-01
3
Thursday
Thu
2022 8 11

Uhrzeiten
15:06:23.121144
15:16:00
15 16 0 0

Daten und Uhrzeiten
2020-03-22 16:39:00
2022-08-11 19:51:46.984595
2022-08-11
19:51:46.984595
```

5.5   Datum verarbeiten und Zeiten berechnen

Um Daten verarbeiten zu können, nutzen wir aus dem Modul datetime die Klassen date und datetime, ebenso die Module locale und timer. Das Modul timer ermöglicht uns, Differenzen von Uhrzeiten zu berechnen. Insgesamt benötigen wir also folgende Importanweisungen:

```
from datetime import date, datetime
import locale
import time
```

Zur Formatierung von Daten erzeugen wir ein date-Objekt, dem wir ein festgelegtes Datum übergeben und ein Datetime-Objekt, dem wir die jetzige Uhrzeit übergeben:

```
print("Formatierte Daten/Uhrzeiten amerikanisch")
mein_datum = date(2016, 7, 15)
meine_uhrzeit = datetime.now().time()
```

Daten können wir in amerikanischer Schreibweise auf verschiedene Arten und Weisen formatiert ausgeben lassen. Hierfür nutzen wir die strftime()-Methode, der ein String, bestehend aus einem %-Zeichen und bestimmten Zeichen übergeben wird. Auf alle Varianten einzugehen, würde den Rahmen sprengen. Folgender Code liefert Ausgaben für eine Kurzvariante des Datums und eine in ausgeschriebener Form, sowie eine Uhrzeitausgabe ohne Millisekunden:

```
print(mein_datum)
print(mein_datum.strftime("%x"))
print(mein_datum.strftime("%d. %B %Y"))
print(meine_uhrzeit.strftime("%X"))
```

Für die Formatierung von Datum und Uhrzeit in deutscher Schreibweise benötigen wir auch hier folgende Codezeilen:

```
# Windows:
locale.setlocale(locale.LC_ALL, "german")
# Linux: locale.setlocale(locale.LC_All, "de_DE.utf8")
# MacOs: locale.setlocale(locale.LC_All, "de_DE.UTF-8")
```

Die gleichen Zeilen Code wie wir sie oben verwendet haben, liefern in der lokalen Schreibweise andere Ergebnisse:

```
print("\nFormatierte Daten/Uhrzeiten deutsch")
print(mein_datum)
print(mein_datum.strftime("%x"))
print(mein_datum.strftime("%d. %B %Y"))
print(meine_uhrzeit.strftime("%X"))
```

Datums-Differenzen in Tagen können wir berechnen, indem wir vom heutigen Datum ein früheres Datum subtrahieren. Das Ergebnis ist die Ausgabe der Anzahl von Tagen inklusive „days" mit der Differenz von Stunden, Minuten und Sekunden, nämlich 0:00:00:

```
print("\nMit Zeiten rechnen")
# Datums-Differenzen
print(date.today() - mein_datum)
```

Wollen wir nur die Differenz in Tagen als reine Zahl, können wir entweder die Eigenschaft days an das Ender der Berechnung schreiben oder die Daten in Ordinale umwandeln:

```
print((date.today() - mein_datum).days)
print(date.today().toordinal() - mein_datum.toordinal())
```

In folgendem Beispiel berechnen wir die Tage bis Weihnachten (Heilig Abend). Dabei müssen wir auch den Fall berücksichtigen, dass der 24.12. schon hinter uns liegt und in diesem Fall das Jahr um 1 erhöhen, damit wir die Differenz in Tagen zum nächsten Jahr richtig berechnet erhalten:

```
weihnachten = date(date.today().year, 12, 24)
if (weihnachten - date.today()).days < 0:
    weihnachten = date(date.today().year + 1, 12, 24)
    tage_bis_weihnachten = (weihnachten - date.today()).days
else:
    tage_bis_weihnachten = (weihnachten - date.today()).days
print(f"{tage_bis_weihnachten} Tage bis Weihnachten.")
```

Die Differenz in Uhrzeiten wird wie die Differenz von Daten berechnet. In folgendem Beispiel weisen wir einer Variablen mit der process_time()-Funktion die Prozesslaufzeit zu, also genau die Zeit in

Sekunden, die unser Programm seit dem Start benötigt hat. Danach programmieren wir eine Schleife, in der eine Zahl 15 Mal mit sich selbst multipliziert und anschließend das Ergebnis ausgegeben wird. Nachdem die Schleife durchlaufen wurde, speichern wir die Prozesslaufzeit in eine weitere Variable und ziehen die erste Prozesslaufzeit von der zweiten ab. Dieses Verfahren kann angewendet werden, um die Effizienz von Programmen zu testen. Weil die Rechenergebnisse nach mehreren Durchläufen einige Seiten lang werden, sollen unten nur die ersten 5 angezeigt werden:

```python
print("\nProzesslaufzeit berechnen:")
start = time.process_time()
a = 15
for i in range(1, 16):
    a = a * a
    print(f"{i}. Durchlauf:", a)
ende = time.process_time()
print(f"{ende - start} Sekunden")
```

Konsolenausgabe:

```
Formatierte Daten/Uhrzeiten amerikanisch
2016-07-15
07/15/16
15. July 2016
21:09:05.241136
21:09:05

Formatierte Daten/Uhrzeiten deutsch
2016-07-15
15.07.2016
15. Juli 2016
21:09:05

Mit Zeiten rechnen
2281 days, 0:00:00
2281
2281
72 Tage bis Weihnachten.
1. Durchlauf: 225
2. Durchlauf: 50625
3. Durchlauf: 2562890625
4. Durchlauf: 6568408355712890625
5. Durchlauf: 43143988327398919500410556793212890625
6. Durchlauf: ...
...
0.140625 Sekunden
```

5.6 Programmieraufgabe 4

Erstelle ein Programm, das zur Eingabe des Geburtsdatums auffordert. Das Geburtsdatum muss im Format „TT.MM.JJJJ" eingegeben werden, worauf das Programm ausdrücklich hinweisen soll.

Das Programm soll zuerst prüfen, ob die Eingabe genau 10 Zeichen entspricht. Wenn nicht, soll das Programm unter Hinweis, dass die Eingabe ungültig war, beendet werden.

Danach soll die Eingabe in ein date-Objekt umgewandelt werden.

Tipp: Die Umwandlung kann in drei Schritten realisiert werden. Die Eingabe kann anhand des Punktes als Trennzeichen in drei Teile aufgeteilt werden. Danach können die drei Teile in Ganzzahl-Datentypen umgewandelt werden. Die drei Zahlen können schließlich einem Date-Objekt übergeben werden.

Das Programm soll prüfen, ob das eingegebene Geburtsdatum in der Zukunft liegt. Falls ja, soll das Programm unter Hinweis, dass das Geburtsdatum in der Zukunft liegt, beendet werden.

Danach soll das Programm das Alter der Person als Ganzzahl berechnen und den Wochentag des Geburtstages ermitteln.

Tipp: Wenn die Anzahl der Tage durch die Zahl 365,2425 geteilt wird, sind Schaltjahre bei der Altersberechnung berücksichtigt.

Zum Schluss soll das Programm das Alter der Person und den Wochentag des Geburtstages ausgeben.

Viel Spass und viel Erfolg!

5.7 Lösungsvorschlag Programmieraufgabe 4

Konsolenausgabe:

```
Wann hast du Geburtstag? (Eingabeformat: TT.MM.JJJJ)
11.11.2011
Dein Alter: 11
Dein Geburtstag war an einem Freitag.
```

Code:

```
from datetime import date
import locale

print("Wann hast du Geburtstag? (Eingabeformat: TT.MM.JJJJ)")

geburtsdatum = input()

if len(geburtsdatum) != 10:
    print("Eingabe ungültig...")
    exit()

geburtsdatum = geburtsdatum.split(".")
geburtsdatum = [int(geburtsdatum[0]), int(geburtsdatum[1]),
                int(geburtsdatum[2])]
geburtsdatum = date(geburtsdatum[2], geburtsdatum[1], geburtsdatum[0])

if geburtsdatum.toordinal() > date.today().toordinal():
    print("Geburtsdatum liegt in der Zukunft...")
    exit()

alter = int((date.today() - geburtsdatum).days / 365.2425)

locale.setlocale(locale.LC_ALL, "german")
geburtstag_wochentag = geburtsdatum.strftime("%A")

print(
    f"Dein Alter: {alter}\n"
    f"Dein Geburtstag war an einem {geburtstag_wochentag}."
)
```

6 Funktionen

Funktionen sind in vielerlei Hinsicht hilfreich, wenn wir ein Programm erstellen.

Wenn wir in einem Programm bestimmte Abläufe oder Berechnungen mehrfach abrufen und verwenden wollen, können wir diese in Funktionen festlegen und müssen diese anschließend nicht erneut eintippen. Stattdessen können wir die Funktion, in der wir diese festgelegt haben, aufrufen und sparen uns eine Menge Schreibarbeit.

Dadurch vermeiden wir gleichzeitig viele Fehler. Wenn wir die gleichen Funktionalitäten nur an einer Stelle im Code festlegen und anpassen, bzw. korrigieren müssen, ist es natürlich sicherer, als wenn wir das an 5, 10 oder (in umfangreichen Programmen sogar mehrere 100 Mal) müssten.

Außerdem machen Funktionen unseren Quellcode deutlich übersichtlicher. Selbst in kleinen Programmen wird ein Quellcode, den wir in eine einzige Datei in unser Hauptprogramm schreiben, schnell lang und unübersichtlich. Wenn wir einige Abläufe in Funktionen auslagern, können wir uns schneller ein Bild vom Programmablauf selbst machen, statt den Quellcode jeder Funktion mitzulesen, wenn sich schon aus dem Namen der Funktion ergibt, was diese macht.

6.1 Eigene Funktionen

In den folgenden Codes werden wir die Klasse date aus dem Modul datetime verwenden und benötigen deshalb die Importanweisung:

```
from datetime import date
```

Eine Funktion definieren wir mit dem Schlüsselwort „def". Danach geben wir den Namen an, den unsere Funktion haben soll, an und schließen den Funktionskopf mit runden Klammern und einem Doppelpunkt ab.

Aus dem Namen der Funktion sollte sich der Funktionszweck erkennen lassen. Im besten Fall lässt sich am Namen der Funktion schon erkennen, was diese macht, mindestens aber, wofür sie programmiert wurde. Ein Funktionsname, der nur aus einzelnen Zeichen wie „x", „abc", o. ä. besteht, macht ebenso wenig Sinn wie ein Variablenname wie „text", „zahl" o. ä. Wir programmieren eine Funktion, die eine Begrüßungsausgabe und einen danach eingegebenen Namen ausgeben soll:

```
def willkommen_eingabe():
```

Unter dem Kopfteil der Funktion schreiben wir die Befehle, die die Funktion ausführen soll. Dieser Teil der Funktion wird auch Funktionsrumpf, bzw. Implementierung genannt. Wie bei Kontrollstrukturen muss dieser Teil in der Programmiersprache Python eingerückt sein, weil es keine Klammern gibt, die den Geltungsbereich markieren:

```
print("Willkommen in unserem Programm!")
print("Bitte gib Deinen Namen ein:")
name = input()
print(f"Hallo {name}!")
```

Funktionen können auch Werte entgegennehmen, um mit diesen beispielsweise Berechnungen durchzuführen oder in sonstiger Weise weiterzuverarbeiten. Diese Werte werden Parameter oder Argumente genannt. Parameter einer Funktion werden in die runden Klammern geschrieben:

```
def quadratzahl_ausgabe(zahl):
    print(f"Die Quadratzahl von {zahl} ist {zahl * zahl}")
```

Funktionen können auch mehrere Parameter entgegennehmen:

```
def lieblingsfarben_ausgabe(erste_farbe, zweite_farbe):
    print(f"Deine Lieblingsfarben sind {erste_farbe} und {zweite_farbe}.")
```

Parameter können auch mit einem Default-Wert bestimmt werden, der in der Parameterliste zugewiesen wird. Damit muss der Wert, für den ein Default-Wert bestimmt wurde, der Funktion nicht unbedingt übergeben werden:

```
def lieblingsessen_ausgabe(erstes_essen, zweites_essen = "Lasagne"):
    print(f"{erstes_essen} ist sehr lecker, {zweites_essen} auch.")
```

Funktionen können auch Werte zurückgeben. Sehr oft werden Rückgabewerte bei Funktionen genutzt, die Berechnungsergebnisse liefern. Der Rückgabewert wird nach dem Schlüsselwort „return" angegeben:

```
import math
def fleche_kreis(radius):
    return math.pi * radius * radius

def heutiger_wochentag():
    tag = date.today().strftime("%A")
    return tag
```

Mit dem Funktionsaufruf werden Funktionen genutzt. Je nach Art und Parameter der Funktion ist der Funktionsaufruf unterschiedlich.

Funktionen können wir aufrufen, indem wir ihren Namen im Quellcode eingeben. Bei unserer Funktion „willkommen_eingabe()" müssen wir nichts anderes tun:

```
willkommen_eingabe()
```

Die Funktion „quadratzahl_ausgabe()" erwartet einen Parameter. Hier können wir beispielsweise eine Nutzereingabe voranstellen und der Funktion eine eingegebene Zahl übergeben. Ohne Übergabe des Parameters wird die Funktion ansonsten nicht aufgerufen und es kommt zu einer Fehlermeldung:

```
print("Gib eine Zahl ein.")
x = eval(input())
quadratzahl_ausgabe(x)
```

Funktionen mit mehreren Parametern müssen wir alle erforderlichen Werte übergeben:

```
print("Was ist Deine Lieblingsfarbe?")
a = input()
```

```
print("Und Deine Zweitlieblingsfarbe?")
b = input()
lieblingsfarben_ausgabe(a, b)
```

Bei optionalen Parametern müssen wir nur einen der Werte übergeben. Beispielsweise können wir den Funktionsaufruf in eine Kontrollstruktur programmieren, die unterscheidet zwischen der Eingabe von nur einem oder zwei Lieblingsessen:

```
print("Was ist Dein Lieblingsessen?")
lieblings_essen = input()
print("Und Dein Zweitlieblingsessen?")
zweitlieblings_essen = input()
if zweitlieblings_essen == "":
    lieblingsessen_ausgabe(lieblings_essen)
else:
    lieblingsessen_ausgabe(lieblings_essen, zweitlieblings_essen)
```

Funktionen mit Rückgabewert werden im konkreten Zusammenhang verwendet, beispielsweise um das Ergebnis einer Variablen zuzuweisen oder direkt in der Konsole ausgeben zu lassen. Ein Funktionsaufruf ohne Weiteres würde hier nichts nützen:

```
radius = 5.5
kreis_flaeche = fleche_kreis(radius)
print(f"Kreisfläche: {kreis_flaeche}")
print(f"Der heutige Wochentag in englisch: {heutiger_wochentag()}")
```

Konsolenausgabe:

```
Willkommen in unserem Programm!
Bitte gib Deinen Namen ein:
Adam
Hallo Adam!
Gib eine Zahl ein.
3
Die Quadratzahl von 3 ist 9
Was ist Deine Lieblingsfarbe?
blau
Und Deine Zweitlieblingsfarbe?
gruen
Deine Lieblingsfarben sind blau und gruen.
Was ist Dein Lieblingsessen?
Pizza
Und Dein Zweitlieblingsessen?

Pizza ist sehr lecker, Lasagne auch.
Kreisfläche: 95.03317777109123
Der heutige Wochentag in englisch: Saturday
```

6.2 Rückgabewerte nutzen

In den folgenden Codes gehen wir auf die Besonderheiten von Funktionen mit Rückgabewerten ein und einige Beispiele, wie wir diese Rückgabewerte in unserem Programm nutzen können.

Wir verwenden hierfür eine Funktion, die einen Durchschnittswert aus einer als Parameter übergebenen Datenstruktur ermittelt und zurückgeben wird:

```python
def durchschnitts_wert(zahlen):
    return sum(zahlen) / len(zahlen)
```

Rückgabewerte einer Funktion können wir beispielsweise direkt im Rahmen einer Berechnung nutzen, indem wir die Funktion anstelle einer Zahl oder Variablen nennen:

```python
zahlen = [1, 4, 2, 3, 7, 10]
x = 10 + durchschnitts_wert(zahlen)
print("Durchschnitt um 10 erhöht:", x)
```

Funktionen können auch mehrere return-Anweisungen haben, beispielsweise wenn diese eine Verzweigung beinhalten. Code, der sich unterhalb einer return-Anweisung befindet, wird aber ansonsten nicht ausgeführt:

```python
def name_pruefen(name):
    if len(name) <= 12:
        return True
    else:
        return False
```

Der Rückgabewert kann in diesem Fall auch als Bedingung für eine Verzweigung direkt genutzt werden, wie im folgenden Funktionsaufruf:

```python
nutzer_name = "Sehr langer Name"
if name_pruefen(nutzer_name):
    print("Nutzername akzeptiert")
else:
    print("Nutzername zu lange (maximal 12 Zeichen erlaubt)")
```

Funktionen können auch Datenstrukturen, beispielsweise eine Liste zurückgeben:

```python
def liste_erzeugen(start_wert, ziel_wert):
    unsere_liste = []
    while start_wert <= ziel_wert:
        unsere_liste.append(start_wert)
        start_wert += 1
    return unsere_liste
```

Besteht der Rückgabewert aus einer Liste, kann sogar wie bei der Verwendung einer Liste selbst direkt nach dem Funktionsaufruf ein Index angegeben werden, um ein bestimmtes Element anzusprechen. Den Rückgabewert müssen wir also nicht in eine Liste zwischenspeichern:

```python
ergebnis = liste_erzeugen(0, 10)[5] + liste_erzeugen(10, 20)[5]
print(ergebnis)
```

Konsolenausgabe:

```
Durchschnitt um 10 erhöht: 14.5
Username zu lange (maximal 12 Zeichen erlaubt)
20
```

6.3 Funktionen aus anderen Modulen importieren

Funktionen werden grundsätzlich in dafür bestimmte Dateien programmiert, um den Quellcode bei umfangreichen Programmen übersichtlicher zu gestalten. Diese Dateien sind dafür gedacht, keinen Quellcode für ein ausführbares Programm zu beinhalten, sondern nur Funktionen, die von einer anderen Python-Datei importiert werden, in der sich das Hauptprogramm, also die ausführbare Datei befindet.

Die Datei, in der sich die Funktionen befinden, kann sich im gleichen Verzeichnis wie das Hauptprogramm befinden oder beispielsweise auch in einem Unterverzeichnis. Wir erstellen zuerst in dem Verzeichnis, das wir sonst auch verwenden, eine Datei, der wir den Namen „funktions_datei.py" geben und einen Ordner, den wir „module" nennen. Im Ordner „module" erstellen wir eine Python-Datei, die wir „modul_hallo.py" nennen.

In der Datei „funktions_datei.py" programmieren wir zwei Funktionen, die eine übergebene Zahl verdoppeln, bzw. halbieren und das Ergebnis zurückgeben sollen:

```python
def zahl_verdoppelt(zahl):
    return zahl * 2

def zahl_halbiert(zahl):
    return zahl / 2
```

Die Datei „modul_hallo.py" soll nur eine kurze Funktion beinhalten, die eine Begrüßungsausgabe liefert:

```python
def sag_hallo():
    print("Hallo")
```

In einer anderen Datei, die wir „ablauf_datei.py" nennen, schreiben wir unser ausführbares Programm.

Funktionen aus anderen Dateien können auf unterschiedliche Weise genutzt werden. Um diese nutzen zu können, müssen wir Importanweisungen programmieren.

Die 1. Variante besteht darin, die Datei, in der sich die Funktionen befinden, als solche zu importieren. Um Funktionen aus der importierten Datei anzusprechen, müssen wir den Dateinamen verwenden und einen Punkt danach setzen:

```python
import funktions_datei

print("Bitte gib eine Zahl ein:")
x = eval(input())

print(
    f"Wert verdoppelt: {funktions_datei.zahl_verdoppelt(x)}\n"
    f"Wert halbiert: {funktions_datei.zahl_halbiert(x)}"
```

```
)
```

Die 2. Variante besteht darin, aus dem Modul die Funktion(en) einzeln oder alle Funktionen insgesamt mit dem *-Symbol zu importieren. In diesem Fall müssen wir den Dateinamen vor dem Funktionsaufruf nicht mehr ausdrücklich angeben:

```
from funktions_datei import *

print("Bitte gib eine Zahl ein:")
x = eval(input())

print(
    f"Wert verdoppelt: {zahl_verdoppelt(x)}\n"
    f"Wert halbiert: {zahl_halbiert(x)}"
)
```

Hinweis: In der Entwicklungsumgebung PyCharm werden Funktionen im gleichen Verzeichnis nicht immer erkannt. Es kann sein, dass wir hier den Namen des Ordners mit angeben müssen. Unsere Funktionsimporte sehen dann, wenn wir beispielsweise unsere Dateien in einem Ordner „funktionen" gespeichert haben, wie folgt aus:

```
import funktionen.funktions_datei
from funktionen.funktions_datei import *
```

Wenn wir Funktionen in Unterverzeichnissen speichern, müssen wir zumindest den Namen des Unterverzeichnisses, ggf. auch (nach obigem Hinweis) den des hiesigen Verzeichnisses mit angeben:

```
from module.modul_hallo import sag_hallo

sag_hallo()
```

Wenn wir Module importieren, werden die darin enthaltenen Befehle automatisch ausgeführt. In unserer Datei programmieren wir über beiden Funktionen einen print-Befehl, der mitteilt, dass das Modul importiert wurde:

```
print("Modul funktions_datei wurde importiert.")
```

Wenn wir unsere Ablaufdatei ausführen, sehen wir in der Konsolenausgabe, dass der print-Befehl ausgeführt wurde, obwohl wir keine Funktion aufgerufen haben, die diesen Befehl beinhaltet.

Konsolenausgabe:

```
Modul funktions_datei wurde importiert.
Bitte gib eine Zahl ein:
8
Wert verdoppelt: 16
Wert halbiert: 4.0
Hallo
```

Hinweis: Module können sich in der Programmiersprache Python nicht wechselseitig importieren. Wenn wir in der Datei „funktions_datei.py" auch das Modul „ablauf_datei.py" importieren, in der wir schon die das Modul „funktions_datei.py" importiert haben, erhalten wir nach der Eingabe der Zahl einen Laufzeitfehler (die Ausgabeanweisung in der Funktionsdatei wird gar nicht erst ausgeführt).

6.4 Standardbibliotheks Funktionen

Programmiersprachen bieten meistens eine Vielzahl von Funktionen an, die für bestimmte Zwecke erstellt wurden und uns als Programmierer viel Arbeit ersparen können. Dabei handelt es sich um sog. Standardbibliotheken, die bestimmte Funktionen thematisch unterteilen. In den folgenden Codes gehen wir auf einige Beispiele ein, in denen wir Funktionen aus Modulen, die die Programmiersprache Python bietet, nutzen werden.

Die Erzeugung von Zufallszahlen ermöglicht die Funktion randint() aus dem Modul „random". Der Funktion übergeben wir zwei Parameter, die bestimmen, in welchem Zahlenbereich die Zufallszahl generiert werden soll. Zufallszahlen von 1 bis (einschließlich) 10 können wir mit folgendem Code ausgeben lassen:

```
import random

print(random.randint(1, 10))
```

Das Modul „math" enthält viele Funktionen, die Berechnungsergebnisse liefern, beispielsweise die Quadratwurzel, den Sinus oder den Cosinus einer Zahl:

```
import math

x = 42
print(math.sqrt(x))     # Quadratwurzel
print(math.sin(x))      # Sinus
print(math.cos(x))      # Cosinus
```

Das Modul „string" bietet beispielsweise Funktionen an, die das Alphabet zurückgeben. Mit folgendem Code geben wir alle Buchstaben groß- und kleingeschrieben, danach nur kleingeschrieben aus. Alle Großbuchstaben könnten wir auf diese Weise auch in eine Liste speichern und durch diese iterieren:

```
import string

print(string.ascii_letters)
print(string.ascii_uppercase)
alphabet_gross = list(string.ascii_uppercase)
print(alphabet_gross)
```

Mit dem Modul „os" (Operating System) können wir auf unser System und Verzeichnisse zugreifen, beispielsweise auch um Dateien zu löschen. Die Operationen sind plattformunabhängig:

```
import os
```

Unsere Plattform (Betriebssystem) können wir mit der Funktion name herausfinden. Als Windows-Nutzer erhalten wir die Ausgabe „nt", bei Linux-Systemen sollte „posix" ausgegeben werden:

```
print(f"Unsere Plattform ist {os.name})
```

Das Verzeichnis, in dem sich unsere ausführbare Datei befindet, bekommen wir mit der getcwd()-Funktion:

```
print(f"Unser Python-Skript liegt im Verzeichnis: {os.getcwd()}")
```

Den Pfad können wir erweitern, beispielsweise um eine Datei aus diesem Verzeichnis anzusprechen und in eine Variable zu speichern:

```
print(f"Wir löschen die Datei {os.getcwd()}\datei.txt, falls diese existiert.")
zu_loeschende_datei = os.getcwd() + "\datei.txt"
```

Die listdir()-Funktion gibt alle Dateien in diesem Verzeichnis als Liste zurück. Die Liste können wir nutzen, um zu prüfen, ob sich eine bestimmte Datei in ihr befindet. Mit der remove()-Funktion, der wir den gesamten Pfad übergeben müssen, können wir die Datei löschen:

```
dateien_liste = os.listdir(os.getcwd())
print(dateien_liste)
if "datei.txt" in dateien:liste:
    os.remove(zu_loeschende_datei)
```

Konsolenausgabe:

```
5
6.48074069840786
-0.9165215479156338
-0.39998531498835127
abcdefghijklmnopqrstuvwxyzABCDEFGHIJKLMNOPQRSTUVWXYZ
ABCDEFGHIJKLMNOPQRSTUVWXYZ
['A', 'B', 'C', 'D', 'E', 'F', 'G', 'H', 'I', 'J', 'K', 'L', 'M', 'N', 'O',
'P', 'Q', 'R', 'S', 'T', 'U', 'V', 'W', 'X', 'Y', 'Z']
Unsere Plattform ist nt
Unser Python-Skript liegt im Verzeichnis:
D:\PyCharm\PycharmProjects\PythonTutorial\Funktionen
Wir löschen die Datei
D:\PyCharm\PycharmProjects\PythonTutorial\Funktionen\datei.txt, falls diese
existiert.
['ablauf_datei.py', 'eigene_funktionen.py', 'funktions_datei.py',
'loesung_programmieraufgabe_6.py', 'module', 'programm_funktionen.py',
'rueckgabe_werte_nutzen.py', 'standardbibliotheks_funktionen.py',
'__pycache__']
```

6.5 Globale Variablen

In manchen Situationen benötigen wir Variablen, auf die wir in verschiedenen Funktionen zugreifen müssen, um deren Wert zu verändern und diese anschließend wieder (mit ihrem neuen Wert) in einer weiteren Funktion zu verwenden.

In der Programmiersprache Python sind Variablen grundsätzlich lokal. Der Geltungsbereich einer lokalen Variable richtet sich, wenn wir diese in einer Funktion verwenden, nach dem Geltungsbereich der Funktion. Bei Kontrollstrukturen hingegen können wir eine Variable außerhalb der Kontrollstruktur ansprechen und diese in ihrem Wert verändern. In folgendem Beispiel wird die Variable „x" zuerst den Wert 12 erhalten und nach Verlassen der Kontrollstruktur den Wert 42, der ihr innerhalb der Kontrollstruktur zugewiesen wurde:

```
x = 12
if x == 12:
    print("x =", x)
    x = 42
print("x =", x)
```

Programmieren wir aber eine Funktion, die das Gleiche macht, stellen wir fest, dass wir die Variable „x" innerhalb der Funktion nicht ansprechen können. Die Entwicklungsumgebung PyCharm unterstreicht die Variable rot. Wenn wir mit dem Mauszeiger auf die Variable scrollen, erscheint in einem kleinen Fenster die Mitteilung, dass wir es hier mit einer „Unresolved refernce `x`" zu tun haben:

```
x = 12
def ausgabe():
    print("x =", x)      # Fehler
    x = 42
ausgabe()
print("x =", x)
```
Wenn wir diesen Code ausführen, erhalten wir eine Fehlermeldung, die darauf hinweist, dass es sich bei der Variablen „x" um eine lokale Variable handelt. Python behandelt die Variable schon von sich aus automatisch als lokale Variable.

Dementsprechend müssten wir jetzt die Variable „x" innerhalb der Funktion zuerst erzeugen. Unser Code würde dann wie folgt aussehen:

```
x = 12
def ausgabe():
    x = 12
    print("x =", x)
    x = 42
ausgabe()
print("x =", x)
```
Unser Programm können wir jetzt zwar ausführen, das gewünschte Ergebnis bekommen wir aber nicht. Denn nach dem Funktionsaufruf wird die Variable „x" mit dem Wert 12 ausgegeben, obwohl wir dieser innerhalb der Funktion den Wert 42 übergeben haben.

Dabei funktioniert es sogar, wenn wir die Variable „x" außerhalb der Funktion definieren und innerhalb der Funktion nur lesend auf diese zugreifen. Würden wir in unserer Funktion nur eine Konsolenausgabe programmieren, lässt sich der Code ausführen, wie in folgendem Beispiel:

```
x = 12
def ausgabe():
    print("x =", x)
ausgabe()
print("x =", x)
```

Greifen wir aber danach auf die Variable „x" zu (wie im ersten Beispiel oben), behandelt Python die Variable als lokale Variable und moniert, dass dieser innerhalb der Funktion noch kein Wert zugewiesen wurde.

Um den Zugriff auf eine Variable auch schreibend zu ermöglichen, müssen wir diese innerhalb der Funktion als global definieren. Dazu schreiben wir vor den Namen der Variablen das Schlüsselwort „global". Folgender Code liefert das gleiche Ergebnis wie die darüberliegende Kontrollstruktur:

```
x = 12
def ausgabe():
    global x
    print("x =", x)
    x = 42
ausgabe()
print("x =", x)
```

Konsolenausgabe:

```
x = 12
x = 42
x = 12
x = 42
```

6.6 Programmieraufgabe 5

Erstelle ein Python-Modul, welches folgende 3 Funktionen enthält:

1. eine Tauschfunktion

Die Funktion soll Werte von zwei Variablen tauschen und beide Werte gemeinsam zurückgeben. Der Funktion sollen bei ihrem Aufruf beide Werte als Parameter übergeben werden.

Die return-Anweisung der Funktion:

```
return a, b
```

Beispielaufruf:

```
x, y = funktions_name(x, y)
print(
    f"Der erste Wert ist jetzt: {x}\n"
    f"Der zweite Wert ist jetzt: {y}"
)
```

2. eine Verschlüsselungs-Funktion (Cäsar-Verschlüsselung)

Die Funktion soll einen String als Parameter entgegennehmen und jeden Buchstaben im String mit dem drittnächsten Buchstaben im Alphabet tauschen.

Dabei sollen die 3 letzten Buchstaben im Alphabet mit den 3 ersten Buchstaben im Alphabet vertauscht werden (also z. B. das „x" wieder mit dem „a", usw.) Großbuchstaben sollen mit den nächsten Großbuchstaben, Kleinbuchstaben mit den nächsten Kleinbuchstaben vertauscht werden.

Alle nicht-alphabetischen Zeichen (Leerzeichen, Zahlen, Sonderzeichen) soll die Funktion nicht mit einem anderen Zeichen vertauschen, sondern so zurückgeben, wie sie übergeben wurden.

3. eine „Lotto"-Funktion

Die Funktion soll das Glücksspiel „Lotto" simulieren.

Zuerst soll in der Funktion dafür gesorgt werden, dass 6 Zahlen nacheinander eingegeben werden (die getippten Zahlen). Die Zahlen müssen alle unterschiedlich sein und zwischen 1 und 49 liegen. Welche Datenstruktur wählst Du, damit garantiert ist, dass die Zahlen auch alle unterschiedlich sind?

Anschließend sollen „die 6 Richtige" gezogen werden. Die Zahlen müssen auch alle unterschiedlich sein und zwischen 1 und 49 liegen.

Anschließend sollen zuerst die gezogenen Zahlen, dann die getippten Zahlen nebeneinander ausgegeben werden.

Zum Schluss soll die Anzahl der „Richtigen" ausgegeben werden.

Die 3 Funktionen **sollen von einem anderen Modul aus importiert werden**. Das andere Modul ist die Programmablaufdatei, von der die Funktionen aufgerufen werden sollen. Diese Datei kann auch im gleichen Verzeichnis sein.

Das Programm soll ermöglichen, dass eine der drei Funktionen durch Eingabe einer Zahl ausgesucht werden können. Nachdem ein Programm ausgewählt und durchlaufen wurde, soll das Programm fragen, ob noch einmal ein Programm ausgeführt werden soll. Falls das nicht bestätigt wird, soll das Programm beendet werden.

Viel Spass und viel Erfolg!

6.7   Lösungsvorschlag Programmieraufgabe 5

Konsolenausgabe:

```
Wähle ein Programm
1 : Variablen tauschen
2 : Texte verschlüsseln
3 : Lotto spielen
Deine Auswahl: 1
Gib den ersten Wert ein: 5
Gib den zweiten Wert ein: t
Der erste Wert ist jetzt: t
Der zweite Wert ist jetzt: 5

Möchtest du noch ein Programm auswählen? (Y oder y für Ja eingeben)
y
Wähle ein Programm
1 : Variablen tauschen
2 : Texte verschlüsseln
3 : Lotto spielen
Deine Auswahl: 2
Gib den zu verschlüsselnden Text ein
ABCXYZ abcxyz
Cäsar-Verschlüsselung von ABCXYZ abcxyz = DEFABC defabc

Möchtest du noch ein Programm auswählen? (Y oder y für Ja eingeben)
y
Wähle ein Programm
1 : Variablen tauschen
2 : Texte verschlüsseln
3 : Lotto spielen
Deine Auswahl: 3
Gib 6 Zahlen zwischen 1 und 49 nacheinander ein.
1. Zahl: 3
2. Zahl: 7
3. Zahl: 19
4. Zahl: 21
5. Zahl: 27
6. Zahl: 29
Die gezogenen Zahlen: {38, 49, 24, 26, 27, 30}
Die getippten Zahlen: {3, 7, 19, 21, 27, 29}
1 Richtige!

Möchtest du noch ein Programm auswählen? (Y oder y für Ja eingeben)
n
```

Code:

Funktionsdatei:

```python
# Vertauschen
def tausche(a, b):
    c = b
    b = a
    a = c
    return a, b

# Cäsar-Verschlüsselung
import string

def cesar(text):
    alphabet = list(string.ascii_lowercase)
    verschluesselter_text = ""
    for t in text:
        if t in string.ascii_lowercase or t.lower() in string.ascii_lowercase:
            if t.isupper():
                t = t.lower()
                if string.ascii_lowercase.find(t) > 22:
                    getauschtes_zeichen =
                  alphabet[0 (23 - string.ascii_lowercase.find(t))].upper()
                    verschluesselter_text += getauschtes_zeichen
                else:
                    getauschtes_zeichen =
                        alphabet[string.ascii_lowercase.find(t) + 3].upper()
                    verschluesselter_text += getauschtes_zeichen
            else:
                if string.ascii_lowercase.find(t) > 22:
                    getauschtes_zeichen =
                        alphabet[0 - (23 - string.ascii_lowercase.find(t))]
                    verschluesselter_text += getauschtes_zeichen
                else:
                    getauschtes_zeichen =
                            alphabet[string.ascii_lowercase.find(t) + 3]
                    verschluesselter_text += getauschtes_zeichen
        else:
            verschluesselter_text += t

    return verschluesselter_text

# Lotto
import random

def lotto():

    print("Gib 6 Zahlen zwischen 1 und 49 nacheinander ein.")

    # getippte Zahlen
    tipps = set()
    while len(tipps) < 6:
        x = eval(input(f"{len(tipps) + 1}. Zahl: "))
        if x >= 1 and x <= 49 and x not in tipps:
```

```python
            tipps.add(x)
        else:
            print("Ungültige Eingabe")

    # gezogene Zahlen
    gewinnzahlen = set()
    while len(gewinnzahlen) < 6:
        x = random.randint(1, 49)
        gewinnzahlen.add(x)

    print(f"Die gezogenen Zahlen: {gewinnzahlen}")
    print(f"Die getippten Zahlen: {tipps}")

    treffer = 0

    for tip in tipps:
        if tip in gewinnzahlen:
            treffer += 1

    print(f"{treffer} Richtige!")
```

Programmablaufdatei:

```python
from funktionen.programm_funktionen import *

while True:

    print(
        "Wähle ein Programm\n"
        "1 : Variablen tauschen\n"
        "2 : Texte verschlüsseln\n"
        "3 : Lotto spielen"
    )
    auswahl = eval(input("Deine Auswahl: "))

    if auswahl == 1:
        x = input("Gib den ersten Wert ein: ")
        y = input("Gib den zweiten Wert ein: ")
        x, y = tausche(x, y)
        print(
            f"Der erste Wert ist jetzt: {x}\n"
            f"Der zweite Wert ist jetzt: {y}"
        )
    elif auswahl == 2:
        print("Gib den zu verschlüsselnden Text ein")
        text = input()
        print(f"Cäsar-Verschlüsselung von {text} = {cesar(text)}")
    elif auswahl == 3:
        lotto()
    else:
        print("Ungültige Eingabe")

    print("\nMöchtest du noch ein Programm auswählen? (Y oder y für Ja
          eingeben)")
```

```
eingabe = input()
if not (eingabe == "Y" or eingabe == "y"):
    break
```

7 Objektorientierte Programmierung

Objektorientierte Programmierung ist ein Denkansatz, der sich grundsätzlich von der prozeduralen, bzw. funktionalen Programmierung unterscheidet.

Hintergrund ist der, dass durch den Quellcode die reale Welt abgebildet werden soll, die sich aus Objekten zusammensetzt. Beispielsweise der Stuhl, auf dem wir sitzen oder der PC, an dem wir arbeiten, der Tisch, auf dem der Monitor steht, usw.

Diese Objekte haben Eigenschaften und Methoden, mit denen diese Objekte etwas anfangen können. Beispielsweise hat ein Stuhl meistens die Eigenschaft, vier Beine zu haben und entweder gepolstert oder nicht gepolstert zu sein.

Die objektorientierte Programmierung bietet einige Vorteile, vor allem die Wartbarkeit und Wiederverwendbarkeit durch die Erstellung von Klassen, von denen wiederum einfach Objekte erzeugt werden können, die schließlich alle Eigenschaften und Methoden der Klasse haben, ohne dass diese jedes Mal neu programmiert, bzw. geändert werden müssten. Durch dieses Prinzip kann bei umfangreicheren Programmen der Code deutlich verschlankt und übersichtlicher gestaltet werden. Das wird beispielsweise durch die Vererbung ebenfalls ermöglicht.

Die Programmiersprache Python bietet objektorientierte Programmierung als Konzept an. Im Gegensatz zu anderen Programmiersprachen wie beispielsweise Java, die rein objektorientiert sind, ist es hier aber – wie wir in den letzten Abschnitten gesehen haben – nicht zwingend, ein Programm mit objektorientierter Programmierung zu erstellen. Es gibt aber Anwendungsgebiete, in denen man ohne objektorientierte Programmierung kaum oder nur sehr umständlich realisierbare Lösungsansätze finden dürfte, beispielsweise in der Spieleentwicklung. Wenn im Laufe des Spiels beispielsweise ein Gegner erzeugt werden soll, der bestimmte Merkmale wie Lebenspunkte, Kampfstärke, einen Namen, etc. haben soll, ist es hier sehr hilfreich, eine Klasse zu haben, in der diese Eigenschaften vordefiniert sind und von der wir nur ein entsprechendes Objekt erzeugen müssen.

7.1 Eigene Klassen erstellen, Klassenvariablen

Der Grundbaustein der objektorientierten Programmierung ist die Klasse.

Eine Klasse kann man sich wie einen Bauplan vorstellen, aus dem Objekte erzeugt werden. Jedes Objekt einer Klasse hat die Eigenschaften und Methoden einer Klasse. Die Klasse wird mit dem Schlüsselwort „class" definiert. Anschließend bestimmen wir den Namen der Klasse, der im Gegensatz zu Variablen und Funktionen großgeschrieben werden sollte. Die Definition wird mit runden Klammern und einem Doppelpunkt abgeschlossen.

Die Klasse sollte so bezeichnet sein, dass sich aus ihrem Namen ergibt, wofür diese Klasse steht. Hierfür werden meistens Begriffe aus der realen Welt verwendet. Wir erstellen eine Klasse, die eine Person abbilden soll:

```
class Person():
```

Unsere Klasse kann über Eigenschaften verfügen, die für die Klasse selbst entworfen werden. Die Person soll einen Namen, ein Alter und eine Größe als Eigenschaften besitzen. Diese Eigenschaften programmieren wir innerhalb des Geltungsbereichs der Klasse. Wie bei Kontrollstrukturen und Funktionen auch muss dieser Code eingerückt sein:

```
name = "Alias"
alter = 25
groesse = 1.76
```

Innerhalb der Klasse können wir auch eine Ausgabeanweisung programmieren, die die Eigenschaften unserer Person nutzt:

```
print(f"{name} ist {alter} Jahre alt und {groesse}m gross.")
```

Damit können wir unser Programm sogar ausführen, ohne dass wir ein Objekt dieser Klasse erzeugt haben, sondern nur eine Klasse mit der enthaltenen Ausgabeanweisung in unserer Python-Datei programmiert haben.

Konsolenausgabe:

```
Alias ist 25 Jahre alt und 1.76m gross.
```

7.2 Konstruktor, Objekte der Klasse erstellen, Instanzvariablen

Grundsätzlich werden Klassen deshalb programmiert, damit wir aus ihnen Objekte erzeugen können und den Objekten dieser Klasse bestimmte Eigenschaften zuweisen können. Die Klasse selbst definiert diese Eigenschaften, gibt diese also vor. Letztlich sollen diese Eigenschaften aber den Objekten der Klasse „anhaften", auch deshalb, weil von einer Klasse eine Vielzahl von Objekten erzeugt werden kann. Unsere Klasse „Person" sollte dafür konzipiert sein, dass diese die Eigenschaften mehrerer Personen, die wir aus dieser Klasse erstellen, vorgibt. Diese haben natürlich unterschiedliche Namen, Alter und Körpergrößen. Diese Eigenschaften werden auch Attribute oder Member genannt.

Für die Zuweisung dieser bei jedem Person-Objekt vorhandenen Eigenschaften wird ein Konstruktor programmiert. Der Konstruktor ist eine spezielle Art von Methode, die dafür da ist, vorzugeben, mit welchen Eigenschaften ein Objekt der Klasse erzeugt wird. Der Konstruktor einer Klasse hat immer den Namen „__init__" und muss als ersten Parameter den Begriff „self" beinhalten. Danach können weitere Parameter folgen, die für die Eigenschaften des Objekts stehen. Die Parameter können gleich heißen wie die Eigenschaften. Um Namensverwechslungen zu vermeiden, werden diese oft auch verkürzt genannt. Wir löschen die Konsolenausgabe in der Klasse Person und erweitern den Code darunter um einen Konstruktor, der bei Erzeugung von Objekten dieser Klasse die Angabe von Name, Alter und Größe verlangt:

```
class Person():
    ...
    def __init__(self, na, al, gr):
```

Im Konstruktor erfolgt die Zuweisung der Eigenschaften durch das Wort self, was das erzeugte Objekt selbst meint, und einen Punkt, gefolgt vom Namen der Eigenschaft, den das Objekt haben soll:

```
self.name = na
self.alter = al
self.groesse = gr
```

Damit haben wir gleichzeitig festgelegt, dass Objekte der Klasse Person über die Eigenschaften Name, Alter und Größe verfügen werden. Es schadet übrigens nicht, wenn wir (wie in diesem Fall) die Eigenschaften des Objekts gleich nennen, wie die der Klasse selbst. Praktisch sind es trotzdem unterschiedliche Eigenschaften, wie wir gleich noch sehen werden.

Objekte der Klasse werden außerhalb des Geltungsbereichs der Klasse erzeugt. Dabei spricht man auch von Instanzen der Klasse. Die Attribute dieser Objekte werden deshalb auch Instanzvariablen genannt, im Gegensatz zu den Klassenvariablen, die wir vor dem Konstruktor programmiert haben. Wir erzeugen zwei Objekte der Klasse Person wie folgt:

```python
erste_person = Person("Adam", 28, 1.79)
zweite_person = Person("Eva", 27, 1.74)
```

Auf die Eigenschaften der Person-Objekte können wir mit dem Punkt-Operator zugreifen, diese beispielsweise in Konsolenausgaben verwenden oder ändern:

```python
print(f"{erste_person.name} ist {erste_person.alter} Jahre alt und
      {erste_person.groesse}m gross.")
erste_person.alter = 33
print(f"{erste_person.name} ist {erste_person.alter} Jahre alt und
      {erste_person.groesse}m gross.")
print(f"{zweite_person.name} ist {zweite_person.alter} Jahre alt und
      {zweite_person.groesse}m gross.")
```

Klassenvariablen können wir auch außerhalb der Klasse aufrufen. Dafür erzeugen wir aber keine Instanz der Klasse, sondern geben den Klassennamen selbst an und können mit dem Punkt-Operator hierauf zugreifen:

```python
print(f"{Person.name} ist {Person.alter} Jahre alt und {Person.groesse}m
      gross.")
```

Mehrere Konstruktoren mit unterschiedlichen Eigenschaften werden in der Programmiersprache Python (im Gegensatz zu anderen objektorientierten Programmiersprachen wie beispielsweise Java oder C#) nicht unterstützt.

Um Objekte von Klassen zu erzeugen, wird genau genommen nicht unbedingt ein Konstruktor benötigt. Ohne Konstruktor werden die Klassenvariablen jedem Objekt zugeordnet. In unserem Fall würde das bedeuten, dass jedes Person-Objekt den Namen „Alias" haben würde (was zwar möglich, aber nicht der Sinn und Zweck von Klassen und Objekten ist).

Konsolenausgabe:

```
Adam ist 28 Jahre alt und 1.79m gross.
Adam ist 33 Jahre alt und 1.79m gross.
Eva ist 27 Jahre alt und 1.74m gross.
Alias ist 25 Jahre alt und 1.76m gross.
```

7.3 Klassenmethoden, Instanzmethoden

Klassen können neben Eigenschaften auch über Methoden verfügen. Methoden sind im Prinzip nichts anderes als Funktionen, nur dass es sich dabei um Funktionen handelt, die von Objekten aufgerufen werden. Der Unterschied zwischen Methoden und Funktionen ist damit eher sprachlicher Natur. Praktisch können nämlich Methoden dasselbe wie Funktionen.

Methoden können wir in Klassen- und Instanzmethoden unterteilen. Klassenmethoden können – wie Klassenvariablen auch – ohne ein Objekt der Klasse aufgerufen werden. Diese werden auch statische Methoden genannt. Eine Methode wird zur statischen Methode erst dann, wenn über dieser Methode ein „Dekorator" mit dem Inhalt „@staticmethod" angegeben wird. Wir erweitern den Code der Klasse Person wie folgt:

```
class Person():
    ...
    @staticmethod
    def gruss_allgemein():
        print("Hallo allerseits")
```

Im Regelfall werden Methoden aber als Instanzmethoden programmiert. Instanzmethoden beziehen sich – wie Instanzvariablen auch – auf Objekte der Klasse. Instanzmethoden müssen mindestens einen Parameter haben, der sich auf das Objekt der Klasse bezieht. Dieser erste Parameter wird grundsätzlich „self" genannt (wie beim Konstruktor auch). Damit können wir auf das Objekt zugreifen und beispielsweise dessen Namen ausgeben lassen:

```
    def gruss_person(self):
        print(f"Hallo, ich bin {self.name}.")
```

Den Parameter self können wir beispielsweise auch dafür nutzen, eine andere Methode innerhalb der Klasse aufzurufen. Weitere Parameter können wie in Funktionen auch genutzt werden, wie in folgendem Beispiel:

```
    def tu_was(self, handlung):
        self.gruss_person()
        print(f"Ich mache gerade folgendes: {handlung}")
```

Beachten müssen wir aber, dass der erste Parameter immer das Objekt selbst meint. Ab dem zweiten Parameter gelten alle Parameter als Werte, die wir wie in Funktionen nutzen können.

Instanzmethoden werden mit Objekten der Klasse aufgerufen. Wir nutzen hierfür unsere schon erzeugten Person-Objekte:

```
erste_person = Person("Adam", 28, 1.79)
zweite_person = Person("Eva", 27, 1.74)

zweite_person.gruss_person()
erste_person.tu_was("Wandern")
```

Statische Methoden werden durch Angabe der Klasse aufgerufen. Ein Objekt der Klasse wird hierfür nicht benötigt:

```
Person.gruss_allgemein()
```

Statische Methoden können auch mit Objekten aufgerufen werden, obwohl hierfür kein Objekt benötigt wird. Umgekehrt funktioniert es aber nicht, Instanzmethoden ohne Objekt, nur durch Angabe der Klasse aufzurufen.

Konsolenausgabe:

```
Hallo, ich bin Eva.
Hallo, ich bin Adam.
Ich mache gerade folgendes: Wandern
Hallo allerseits!
```

7.4 Datenkapselung

Objekteigenschaften wie beispielsweise der Name oder das Alter einer Person können wir wie bisher so programmieren, dass wir von außerhalb der Klasse auf diese direkt zugreifen können. Damit können wir diese lesen und ändern. Grundsätzlich ist es aber in der objektorientierten Programmierung nicht gewollt, dass auf Daten, die wir in einer Klasse gespeichert haben, von Quellcode, der sich außerhalb dieser Klasse befindet, direkt zugegriffen werden kann. Die Intention hierfür ist, dass diese Daten geschützt werden sollen, damit Daten nicht an verschiedenen Stellen im Programm leichtfertig oder möglicherweise unbeabsichtigt geändert werden können. Dieses in der objektorientierten Programmierung wichtige Prinzip wird Datenkapselung genannt.

Die Datenkapselung wird in der Form realisiert, dass auf die Daten nur durch Methoden zugegriffen werden kann. Diese Methoden werden „getter()"- und „setter()"-Methoden genannt und für jedes Attribut programmiert. Die getter()- und setter()-Methoden heißen so wie das jeweilige Attribut, auf die diese sich beziehen, wobei zur getter()-Methode ein „get" und zur setter()-Methode ein „set" vorangestellt wird. Zwingend ist das nicht, aber sehr üblich. Wir sollten uns an diese Konvention halten, damit wir schon direkt im Code sehen, dass diese Methoden nur dafür da sind, den Zugriff auf Instanzvariablen zu ermöglichen.

Wir erstellen hierfür eine neue Klasse, die ein Rechteck abbilden soll:

`class Rechteck():`

Im Konstruktor bestimmen wir, dass die Attribute jedes Rechteck-Objekts gekapselt werden sollen, damit ein Zugriff außerhalb der Klasse nicht mehr direkt möglich ist. Dazu müssen wir die Variablennamen mit zwei Unterstrichen beginnen lassen:

```
def __init__(self, laenge, breite):
    self.__laenge = laenge
    self.__breite = breite
```

Die Attribute laenge und breite erhalten wir mit getter()-Methoden als Rückgabewert:

```
def get_laenge(self):
    return self.__laenge
def get_breite(self):
    return self.__breite
```

Um die Attribute laenge und breite zu ändern, dienen die setter()-Methoden, die als Parameter den neuen Wert des Attributs übergeben bekommen sollen:

```
def set_laenge(self, l):
    self.__laenge = l
def set_breite(self, b):
    self.__breite = b
```

Die Eigenschaften können ansonsten auch wie andere Instanzvariablen genutzt werden, beispielsweise um den Flächeninhalt des Rechteck-Objekts zu berechnen und zurückzugeben. Innerhalb der Klasse können wir dabei auf die Attribute direkt zugreifen:

```
def flaeche(self):
    return self.__laenge * self.__breite
```

Für unsere Anwendungsbeispiele erzeugen wir ein Rechteck-Objekt:

```
rechteck = Rechteck(12, 10)
```

Wenn wir auf die Länge des Rechteck-Objekts von außerhalb der Klasse zugreifen wollen, können wir das nur noch über die getter()-Methode:

```
print(rechteck.get_laenge(), "cm")
```

Die Länge des Rechtecks ändern wir mit der setter()-Methode. Ansonsten können wir die getter()-Methode beispielsweise auch für eine Berechnung so nutzen, wie wir eine Variable nutzen würden, ohne diese für das Objekt tatsächlich zu ändern:

```
rechteck.set_laenge(15)
print(rechteck.get_laenge(), "cm")
print("grössere Breite:", rechteck.get_breite() + 5)
print("Flächeninhalt:", rechteck.flaeche(), "cm")
```

Eine deutlich elegantere Methode zur Datenkapselung bietet die Programmiersprache Python mit dem Konstrukt der Properties an. Dabei werden die Namen der Attribute im Konstruktor ohne zwei Unterstriche geschrieben. Nach dem Konstruktor werden Methoden programmiert, die mit bestimmten Dekoratoren versehen werden. Über der Methode, die uns den jeweiligen Wert zurückgibt (die getter()-Methode), wird „@property" geschrieben, über die Methode, mit der wir den Wert ändern können, wird „@", gefolgt vom Namen des Attributs und „.setter" geschrieben. Die Methoden heißen dabei genauso wie das Attribut selbst. In beiden Methoden wird der Name des Attributes mit zwei Unterstrichen geschrieben (obwohl er eigentlich im Konstruktor nicht so geschrieben ist, ist genau dieses Attribut gemeint!) Wir programmieren eine weitere Klasse, in der wir dieses Prinzip nutzen:

```
class Kreis():
    def __init__(self, r):
        self.radius = r
    @property
    def radius(self):
        return self.__radius
    @radius.setter
    def radius(self, r):
```

```
        self.__radius = r
```

Wenn wir auf die Eigenschaft radius zugreifen, machen wir das jetzt so, als wäre diese nicht geschützt, ist sie in Wirklichkeit aber. Der Wesentliche Unterschied ist der, dass wir hier nicht mehr über eigens definierte getter()- und setter()-Methoden zugreifen müssen:

```
k = Kreis(3.5)
print("Radius Kreis: ", k.radius)
k.radius = 5.1
print("Radius Kreis: ", k.radius)
```

Konsolenausgabe:

```
12 cm
15 cm
grössere Breite: 20
Flächeninhalt: 150 cm
Radius Kreis: 3.5
Radius Kreis: 5.1
```

7.5 Vererbung

Durch Vererbung kann eine Klasse ihre Attribute an Klassen weitergeben. Wie in der realen Welt auch können wir bestimmte Gegenstände in Kategorien einteilen. Beispielsweise gehört jedes Modell eines Autos zu einer bestimmten Marke oder einem bestimmten Segment, also können wir sagen, dass jedes Auto zumindest die Eigenschaft „Marke" erbt.

In der Programmierung ergeben sich durch die Vererbung einige Vorteile. Durch die Vererbung bestimmter Eigenschaften und Methoden an eine Klasse können wir uns beispielsweise Schreibarbeit sparen, weil wir diese in den erbenden Klassen nicht mehr für jede Klasse zusätzlich programmieren müssen. Hierdurch erhöht sich auch die Wartbarkeit des Codes, weil wir entsprechende Änderungen nur in der vererbenden Klasse vornehmen müssen. Zudem garantieren wir bei den erbenden Klassen, dass die Eigenschaften und Methoden dort auch vorhanden sind und wir diese beim Programmieren damit auch nicht vergessen können.

Bei der Vererbung unterscheiden wir zwischen übergeordneten und untergeordneten Klassen, bzw. Superklassen und Subklassen oder auch Basisklassen und erbenden, bzw. ableitenden Klassen. Die Terminologie unterscheidet sich unter den Programmiersprachen, gemeint ist aber immer das Gleiche Die übergeordnete Klasse ist die Klasse, die an die untergeordneten Klassen ihre Eigenschaften und Methoden vererbt.

Wenn wir Vererbungskonstellationen programmieren wollen, sollten wir mit der übergeordneten Klasse beginnen. Diese müssen wir nicht konkret als vererbende Klasse bezeichnen, sondern kann wie jede andere Klasse auch programmiert werden. Wir erstellen eine Klasse, die allgemein ein Tier abbilden soll und bestimmen, dass jedes Tier-Objekt einen Namen und ein Alter haben soll:

```
class Tier():
    def __init__(self, name, alter):
        self.name = name
```

```
        self.alter = alter
```

Die Klasse soll eine Methode beinhalten, mit der jedes Tier mitteilen kann, was für ein Tier und wie alt es ist:

```
    def info_ausgeben(self):
        print(f"Hallo, ich bin {self.name} und {self.alter} Jahre alt.")
```

Eine erbende Klasse erstellen wir, indem wir nach dem Namen der Klasse den Namen der übergeordneten Klasse in die runden Klammern schreiben:

```
class Katze(Tier):
```

Weil die Katze jetzt auch ein Tier-Objekt ist, hat diese auch einen Namen und ein Alter. Das müssen wir beim Konstruktor berücksichtigen. Wir fügen der Katze aber noch eine Eigenschaft hinzu, nämlich die Rasse:

```
    def __init__(self, name, alter, rasse):
```

Die Attribute Name und Alter geben wir mit Aufruf des Konstruktors der übergeordneten Klasse an diese weiter. Die übergeordnete Klasse rufen wir mit dem Befehl „super()" auf. Mit dem Punkt-Operator greifen wir auf die __init__-Methode der übergeordneten Klasse zu und übergeben dieser den Namen und das Alter:

```
        super().__init__(name, alter)
```

Danach bestimmen wir, dass die Katze das Attribut Rasse erhält:

```
        self.rasse = rasse
```

Wir schaffen ein Tier-Objekt und ein Katze-Objekt. Bei Erzeugung dieser Objekte müssen wir unterschiedliche Angaben machen. Das Tier-Objekt benötigt einen Namen und ein Alter, das Katze-Objekt darüber hinaus auch die Angabe, von welcher Rasse diese ist:

```
mein_tier = Tier("Alias", 7)
meine_katze = Katze("Justus", 5, "Perser")
```

Die Methode „info_ausgeben" aus der Klasse Tier können wir mit dem Tier-Objekt und dem Katzen-Objekt aufrufen. Die Klasse Katze hat diese Methode aus der Klasse Tier geerbt. Das bedeutet, dass auch Objekte der Klasse Katze diese Methode nutzen können:

```
mein_tier.info_ausgeben()
meine_katze.info_ausgeben()
```

Besonders praktisch ist die Methodenvererbung auch dann, wenn wir Daten kapseln. Wir passen den Konstruktor der Klasse Tier entsprechend an, die Methode „info_ausgeben" ebenso und erweitern unsere Klasse um entsprechende getter- und setter-Methoden:

```
class Tier():
    def __init__(self, name, alter):
        self.__name = name
        self.__alter = alter

    def get_name(self):
        return self.__name
```

```
def get_alter(self):
    return self.__alter

def set_name(self, n):
    self.__name = n
def set_alter(self, a):
    self.__alter = a

def info_ausgeben(self):
    print(f"Hallo, ich bin {self.__name} und {self.__alter} Jahre alt.")
```

Für unsere Katze müssen wir keine getter- und setter-Methoden programmieren, wie für andere Klassen, die wir von der Klasse Tier erben lassen könnten, auch. Das erspart uns eine Menge an Code:

```
print(f"Alter Katze: {meine_katze.get_alter()}")
```

Konsolenausgabe:

```
Hallo, ich bin Alias und 7 Jahre alt.
Hallo, ich bin Justus und 5 Jahre alt.
Alter Katze: 5
```

Die Methode „info_ausgeben" können wir speziell für Objekte der Klasse Katze modifizieren. In der Programmierung spricht man hierbei vom Überschreiben von Methoden. In Python überschreiben wir eine Methode, indem wir diese in der untergeordneten Klasse mit dem exakt gleichen Namen programmieren. Inhaltlich wird diese Methode aber anders implementiert. Weil wir die Attribute in der Superklasse gekapselt haben, müssen wir auch hier über die getter-Methoden auf diese zugreifen bei der Rasse z. B. nicht (wobei es der Vollständigkeit halber natürlich Sinn machen würde, diese in der Klasse Katze auch zu kapseln...):

```
def info_ausgeben(self):
    print(f"Hallo, ich bin {self.get_name()}, {self.get_alter()} Jahre alt
            und gehöre zur Rasse: {self.rasse}.")
```

Ansonsten können wir in untergeordneten Klassen auch Methoden programmieren, die speziell auf die Objekte dieser Klasse zugeschnitten sind. Beispielsweise macht es Sinn, dass eine Katze miauen kann, jedes Tier kann das aber nicht:

```
def miau(self):
    print("Miauuuu!")
```

Unsere Katze kann diese Methode aufrufen, unser Tier-Objekt beispielsweise nicht:

```
meine_katze.miau()
```

Sinn und Zweck von Vererbungskonstellationen ist auch die Entwicklung vom Allgemeinen hin zum Spezielleren. Wir können sagen, jede Katze ist ein Tier. Umgekehrt ist aber nicht jedes Tier eine Katze. Jede Katze hat einen Namen und ein Alter, so wie das beispielsweise auch bei jedem Hund oder jeder Vogelart zutreffen würde. Nicht jedes Tier kann aber miauen.

In der Programmiersprache Python ist es sogar – im Gegensatz zu den meisten anderen Programmier-sprachen – möglich, eine lasse von mehreren anderen Klassen erben zu lassen. Wir erstellen hierfür eine weitere Klasse, von der unsere Klasse Katze erben wird:

```
class Kuscheltier():
    def kuscheln(self, name):
        print(f"{name} wurde gekuschelt.")
```

Die Klasse Katze können wir von der Klasse Kuscheltier erben lassen, indem wir die Klasse Kuscheltier in der runden Klammer hinzufügen:

```
class Katze(Tier, Kuscheltier):
```

Unser Katze können wir anschließend auch kuscheln:

```
meine_katze.miau(meine_katze.get_name())
```

Konsolenausgabe:

```
Hallo, ich bin Alias und 7 Jahre alt.
Hallo, ich bin Justus, 5 Jahre alt und gehöre zur Rasse: Perser.
Alter Katze: 5
Meooowww!
Justus wurde gekuschelt.
```

Objekte können wir mit dem Befehl „del" auch wieder löschen, beispielsweise um den Arbeitsspeicher zu bereinigen oder wenn wir dieses Objekt mit Sicherheit nicht mehr im weiteren Programmablauf nutzen sollen. In einem Spiel könnte das beispielsweise ein Gegner sein, der keine Lebenspunkte mehr hat und deshalb stirbt. Nachdem wir unsere Katze entfernt haben, können wir diese nicht mehr miauen lassen, sonst erhalten wir eine Fehlermeldung:

```
del meine_katze
meine_katze.miau()        # Fehler
```

7.6 Programmieraufgabe 6

Programmiere ein Text Adventure. Das Spiel soll aus drei Python-Dateien bestehen.

Der Spielablauf ist schon in der Datei „game_logic.py" programmiert. Diese Datei wird wiederum importiert von der Datei „game.py", die das Spiel nach einer Intro-Ausgabe startet. Der Code dieser beiden Dateien ist schon lauffähig, sodass du diesen Code auch direkt übernehmen kannst.

Dem Spiel fehlt noch die Datei „game_data.py", die du programmieren sollst. Die Datei muss folgendes enthalten:

- die Klasse „Feld" mit den Attributen: breite, hoehe, schatz_position_x, schatz_position_y

- die Klasse „Spieler" mit den Attributen: x_pos, y_pos, hp, waffe, staerke

- die Klasse „Gegner" mit den Attributen: name, hp, staerke

- die Klasse „Goblin", die von der Klasse „Gegner" erbt und die Eigenschaften „Goblin" (name), 20 (hp) und 10 (staerke) an den Konstruktor der übergeordneten Klasse übergibt

- die Klasse „Zwerg", die von der Klasse „Gegner" erbt und die Eigenschaften „Zwerg" (name), 30 (hp) und 20 (staerke) an den Konstruktor der übergeordneten Klasse übergibt

Die Klassen „Goblin" und „Zwerg" verfügen ansonsten über keine eigenen Attribute.

Die Attribute sollen alle mit der Property-Dekoration gekapselt werden (siehe Kapitel 7.4).

Achte darauf, dass alle Attribute genau wie oben genannt und in der richtigen Reihenfolge programmiert werden.

Außerdem soll die Datei das Dictionary „waffen" = {"Baseballschläger" : 12, "Eisenstange" : 15, "Schwert" : 20} enthalten.

Den Code der Dateien „game_logic.py" und „game.py" kannst du dir kostenlos herunterladen unter https://github.com/KScholze/text_game. Beide Dateien habe ich in einen Ordner mit dem Namen „text_game" gespeichert, was bei den Importanweisungen zu beachten ist:

Datei game_logic.py:

```
from text_game.game_data import *         # Name der Datei beachten!
import random

# Spielfeld erzeugen (Länge, Breite, Schatz-Position X, Schatz-Position Y)
feld = Feld(10, 10, 9, 8)

# Spieler erzeugen (Position X, Position Y, hp, Waffe, Waffenstärke)
spieler = Spieler(1, 1, 100, "Knüppel", 10)

# Legende ausgeben
def info():
    print(
```

```
        '***** Fortbewegung *****\n'
        '"w" : geradeaus gehen\n'
        '"a" : nach links gehen\n'
        '"s" : zurückgehen\n'
        '"d" : nach rechts gehen\n'
        '"f" : kämpfen\n'
        '"z" : Spiel beenden'
    )


# Game Loop / Hauptsteuerung
def spiel():
    while True:
        print('Was wirst du tun? ("i" für Info eingeben)')
        eingabe = input()

        if eingabe == "w" or eingabe == "s" or eingabe == "d"
            or eingabe == "a":
            bewegen(eingabe)
        elif eingabe == "i":
            info()
        # Spiel beenden, wenn abgebrochen werden soll
        elif eingabe == "z":
            print("Spiel beendet")
            exit()
        else:
            print("Ungültige Eingabe")


def bewegen(eingabe):

    # Player über das Spielfeld bewegen, solange Spielfeld-Ende nicht erreicht
    if eingabe == "w" and spieler.y_pos < feld.hoehe:
        spieler.y_pos += 1
    elif eingabe == "s" and spieler.y_pos > 1:
        spieler.y_pos -= 1
    elif eingabe == "d" and spieler.x_pos < feld.breite:
        spieler.x_pos += 1
    elif eingabe == "a" and spieler.x_pos > 1:
        spieler.x_pos -= 1
    else:
        print("Du kommst hier nicht weiter.")
        spiel()

    print(f"Deine aktuelle Position:   X:{spieler.x_pos} | Y:{spieler.y_pos}")

    if spieler.x_pos == feld.schatz_position_x
            and spieler.y_pos == feld.schatz_position_y:
        print("Du hast den Schatz gefunden!")
        exit()
    else:
        ereignis()


def ereignis():

    # Unterfunktion kaempfen() (Funktion in der Funktion ereignis())
    def kaempfen():
```

```
    ereignis_wahrscheinlichkeit = random.randint(1, 3)

    # Gegner ist ein Goblin (Wahrscheinlichkeit 2/3)
    if ereignis_wahrscheinlichkeit == 1
        or ereignis_wahrscheinlichkeit == 2:
        gegner = Goblin(20, 10)

    # Gegner ist ein Zwerg (Wahrscheinlichkeit 1/3)
    elif ereignis_wahrscheinlichkeit == 3:
        gegner = Zwerg(30, 20)

    def spieler_lebt():
        # Spiel beenden, wenn Player gestorben
        if spieler.hp < 1:
            print("Du hast den Kampf nicht überlebt!")
            exit()
        else:
            return True

    print(f"Mist! Ein {gegner.name} stellt sich mir in den Weg!")
    while True:
        print("Kämpfst du oder läufst du weg? (Wahrscheinlichkeit, fliehen
            zu können: 1/3)")
        print(f'Drücke "f" für kämpfen, etwas anderes für flüchten. Deine
            aktuelle Gesundheit: {spieler.hp}')
        if input() == "f":
            gegner.hp -= spieler.staerke

            if gegner.hp < 1:
                print(f"Du hast den {gegner.name} getötet!")
                del gegner
                break
            else:
                print("Dein Gegner ist noch nicht tot.")
                spieler.hp -= gegner.staerke
                if spieler_lebt():
                    continue
        else:
            ereignis_wahrscheinlichkeit = random.randint(1, 3)
            if ereignis_wahrscheinlichkeit == 1:
                print("Deine Flucht war erfolgreich!")
                break
            else:
                print("Du wirst angegriffen!")
                spieler.hp -= gegner.staerke
                if spieler_lebt():
                    continue
    spiel()

def waffe_gefunden():
    print("Du hast eine neue Waffe gefunden.")
    waffen_index = random.randint(0, len(waffen) - 1)
    gefundene_waffe = list(waffen.keys())[waffen_index]
    print(f"Die neue Waffe: {gefundene_waffe}")
    if spieler.staerke >= list(waffen.values())[waffen_index]:
        print("So ein Mist! Die Waffe ist schwächer als meine bisherige.")
```

```python
        else:
            print("Die Waffe wird mir gute Dienste leisten...")
            spieler.waffe = gefundene_waffe
            spieler.staerke = list(waffen.values())[waffen_index]

    # zufällige Ereignisse steuern
    ereignis_wahrscheinlichkeit = random.randint(1, 10)

    # 1. Gegner taucht auf (Wahrscheinlichkeit 1/5)
    if ereignis_wahrscheinlichkeit == 1 or ereignis_wahrscheinlichkeit == 2:
        kaempfen()

    # 2. Waffe wird gefunden (Wahrscheinlichkeit 1/10)
    elif ereignis_wahrscheinlichkeit == 3:
        waffe_gefunden()
```

Datei game.py:

```python
from text_game.game_logic import *         # Name der Datei beachten!

print(
    "XXX Willkommen im Dungeon XXX\n"
    "Du bist in einem dunklen Verließ und musst einen Schatz suchen\n"
    "Doch du bist nicht alleine. Sei auf der Hut...\n"
    f"Deine aktuelle Position: X:{spieler.x_pos} | Y:{spieler.y_pos}"
)

spiel()
```

Viel Spass und viel Erfolg!

7.7 Lösungsvorschlag Programmieraufgabe 6

Konsolenausgabe:

```
XXX Willkommen im Dungeon XXX
Du bist in einem dunklen Verließ und musst einen Schatz suchen
Doch du bist nicht alleine. Sei auf der Hut...
Deine aktuelle Position: X:1 | Y:1
Was wirst du tun? ("i" für Info eingeben)
i
***** Fortbewegung *****
"w" : geradeaus gehen
"a" : nach links gehen
"s" : zurückgehen
"d" : nach rechts gehen
"f" : kämpfen
"z" : Spiel beenden
Was wirst du tun? ("i" für Info eingeben)
d
Deine aktuelle Position:   X:2 | Y:1
Was wirst du tun? ("i" für Info eingeben)
d
Deine aktuelle Position:   X:3 | Y:1
Mist! Ein Zwerg stellt sich mir in den Weg!
Kämpfst du oder läufst du weg? (Wahrscheinlichkeit, fliehen zu können: 1/3)
Drücke "f" für kämpfen, etwas anderes für flüchten. Deine aktuelle Gesund-
heit: 100
f
Dein Gegner ist noch nicht tot.
Kämpfst du oder läufst du weg? (Wahrscheinlichkeit, fliehen zu können: 1/3)
Drücke "f" für kämpfen, etwas anderes für flüchten. Deine aktuelle Gesund-
heit: 80
f
Dein Gegner ist noch nicht tot.
Kämpfst du oder läufst du weg? (Wahrscheinlichkeit, fliehen zu können: 1/3)
Drücke "f" für kämpfen, etwas anderes für flüchten. Deine aktuelle Gesund-
heit: 60
f
Du hast den Zwerg getötet!
Was wirst du tun? ("i" für Info eingeben)
d
Deine aktuelle Position:   X:4 | Y:1
Mist! Ein Goblin stellt sich mir in den Weg!
Kämpfst du oder läufst du weg? (Wahrscheinlichkeit, fliehen zu können: 1/3)
Drücke "f" für kämpfen, etwas anderes für flüchten. Deine aktuelle Gesund-
heit: 60
w
Du wirst angegriffen!
Kämpfst du oder läufst du weg? (Wahrscheinlichkeit, fliehen zu können: 1/3)
Drücke "f" für kämpfen, etwas anderes für flüchten. Deine aktuelle Gesund-
heit: 50
w
Deine Flucht war erfolgreich!
```

```
Was wirst du tun? ("i" für Info eingeben)
w
Deine aktuelle Position:    X:4 | Y:2
Was wirst du tun? ("i" für Info eingeben)
w
Deine aktuelle Position:    X:4 | Y:3
Was wirst du tun? ("i" für Info eingeben)
d
Deine aktuelle Position:    X:5 | Y:3
Mist! Ein Zwerg stellt sich mir in den Weg!
Kämpfst du oder läufst du weg? (Wahrscheinlichkeit, fliehen zu können: 1/3)
Drücke "f" für kämpfen, etwas anderes für flüchten. Deine aktuelle Gesund-
heit: 50
d
Deine Flucht war erfolgreich!
Was wirst du tun? ("i" für Info eingeben)
z
Spiel beendet
```

Code:

Datei game_data.py:

```python
class Feld():
    def __init__(self, b, h, x, y):
        self.breite = b
        self.hoehe = h
        self.schatz_position_x = x
        self.schatz_position_y = y

    @property
    def breite(self):
        return self.__breite
    @breite.setter
    def breite(self, b):
        self.__breite = b

    @property
    def hoehe(self):
        return self.__hoehe
    @hoehe.setter
    def hoehe(self, h):
        self.__hoehe = h

    @property
    def schatz_position_x(self):
        return self.__schatz_position_x
    @schatz_position_x.setter
    def schatz_position_x(self, x):
        self.__schatz_position_x = x

    @property
    def schatz_position_y(self):
        return self.__schatz_position_y
    @schatz_position_y.setter
    def schatz_position_y(self, y):
        self.__schatz_position_y = y

class Spieler():
    def __init__(self, x, y, h, w, s):
        self.x_pos = x
        self.y_pos = y
        self.hp = h
        self.waffe = w
        self.staerke = s

    @property
    def x_pos(self):
        return self.__x_pos
    @x_pos.setter
    def x_pos(self, x):
        self.__x_pos = x

    @property
```

```python
    def y_pos(self):
        return self.__y_pos
    @y_pos.setter
    def y_pos(self, y):
        self.__y_pos = y

    @property
    def hp(self):
        return self.__hp
    @hp.setter
    def hp(self, h):
        self.__hp = h

    @property
    def waffe(self):
        return self.__waffe
    @waffe.setter
    def waffe(self, w):
        self.__waffe = w

    @property
    def staerke(self):
        return self.__staerke
    @staerke.setter
    def staerke(self, s):
        self.__staerke = s

class Gegner():
    def __init__(self, n, h, s):
        self.name = n
        self.hp = h
        self.staerke = s

    @property
    def name(self):
        return self.__name
    @name.setter
    def name(self, n):
        self.__name = n

    @property
    def hp(self):
        return self.__hp
    @hp.setter
    def hp(self, h):
        self.__hp = h

    @property
    def staerke(self):
        return self.__staerke
    @staerke.setter
    def staerke(self, s):
        self.__staerke = s

class Goblin(Gegner):
    def __init__(self):
```

```python
        super().__init__("Goblin", 20, 10)

class Zwerg(Gegner):
    def __init__(self):
        super().__init__("Zwerg", 30, 20)

waffen = {"Baseballschläger" : 12, "Eisenstange" : 15, "Schwert" : 20}
```

8 Grafische Benutzeroberflächen

Die Programmierung grafischer Benutzeroberflächen ist ein sehr umfangreiches Gebiet und es gibt eine Vielzahl von Möglichkeiten, Fenster und Steuerelemente zu erzeugen. Um den Rahmen nicht zu sprengen, werden wir in den nachfolgenden Lektionen die – aus meiner Sicht grundlegendsten – Elemente und Design-Konzepte, die Python bietet, nutzen. Auch wenn die Entwicklung grafischer Benutzeroberflächen umfangreich und spannend genug wäre, ein eigenes Buch zu füllen, können die Grundlagen zumindest kurz genug erklärt werden, um in dieses Tutorial „zu passen".

Es gibt mehrere Möglichkeiten zur Gestaltung von grafischen Benutzeroberflächen in Python. Grundsätzlich werden hierfür GUI-Toolkits genutzt, die schon eine Vielzahl von voreingestellten Möglichkeiten beinhalten, Fenster zu erstellen und Elemente einzubauen.

In den folgenden Kapiteln nutzen wir das Modul TKinter, um grafische Benutzeroberflächen „von Hand" zu erstellen, also allein mit Code. TKinter ist ein altes GUI-Toolkit für Python, wird aber immer noch sehr häufig verwendet, weil es viele Möglichkeiten bietet, grafische Benutzeroberflächen zu gestalten.

8.1 Erstes Fenster

Um TKinter zu nutzen, importieren wir aus dem vom Modul TKinter alles, was dieses Modul zu bieten hat:

```
from tkinter import *
```

TKinter arbeitet mit Objekten. Ein Fenster ist ein Objekt der Klasse Tk():

```
fenster = Tk()
```

Mit der „title"-Funktion können wir dem Fenster einen Titel übergeben:

```
fenster.title("Unser Fenster")
```

Mit der „geometry"-Funktion können wir die Größe des Fensters in Pixel bestimmen. Wir übergeben der Funktion einen String, der die Breite multipliziert mit der Höhe angibt:

```
fenster.geometry("350x150")
```

Damit das Fenster angezeigt wird, müssen wir die „mainloop"-Methode aufrufen:

```
fenster.mainloop()
```

Ergebnis:

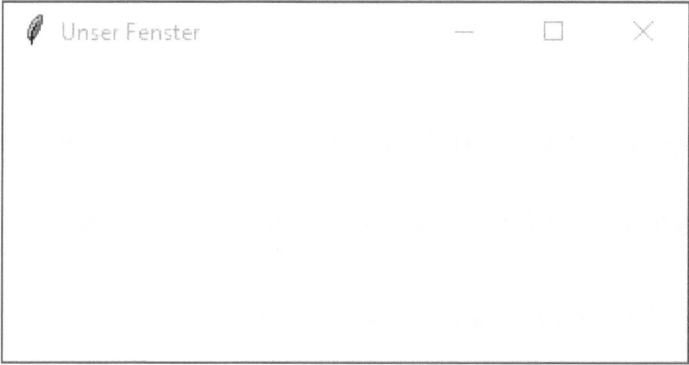

8.2 Label und Button

Für unsere Label und Button-Elemente nutzen wir den vorherigen Code für unser Fenster weiter, vergrößern aber unser Fenster auf 450x350 Pixel:

```
from tkinter import *

fenster = Tk()
fenster.title("Unser Fenster")
fenster.geometry("450x350")
```

Label und Button sind Elemente, mit denen wir Fenster mit Inhalten füllen können. Bei diesen Elementen spricht man auch von „widgets".

Ein Label ist – wie unser Fenster auch – programmiertechnisch gesehen ein Objekt, nämlich ein Objekt der Klasse „Label". Dem Label ordnen wir als ersten Parameter unser Fenster als übergeordnetes Element zu, um zu bestimmen, dass sich das Label in diesem Element befindet. In diesem Fall wäre das eigentlich nicht nötig, weil wir bis jetzt nur ein Fenster haben und dieses automatisch als übergeordnetes Objekt bestimmt wird, wenn es – so wie hier – unser Hauptobjekt ist. Trotzdem schafft die Angabe zumindest Klarheit darüber, dass unser Label sich im Fenster befinden soll. Als zweiten Parameter geben wir an, dass wir für das Label einen Textinhalt festlegen wollen. Wir erzeugen auf diese Art drei Label-Elemente:

```
label_1 = Label(fenster, text = "Fenster")
label_2 = Label(fenster, text = "ist geöffnet")
label_3 = Label(fenster, text = "Ende")
```

Für Label-Objekte können wir bestimmte Eigenschaften wie Hintergrundfarbe, Schriftfarbe, Schriftart und -größe bestimmen:

```
label_2["bg"] = "#00AF00"
label_2["fg"] = "#FFAA00"
label_2["font"] = "Consolas 10"
```

Die Größe des Labels kann durch die Eigenschaften „width" für die Breite und „height" für die Höhe bestimmt werden:

```
label_2["width"] = 30
label_2["height"] = 5
```

Als nächstes erzeugen wir einen Button, der dazu da sein wird, einen Prozess in Gang zu setzen. Ein Button ist ein Objekt der Klasse „Button", dem wir zuerst das Fenster-Objekt übergeben – was hier wie bei unseren Label-Objekten optional ist – und anschließend mit dem Parameter „text" eine Aufschrift bestimmen können:

```
button_1 = Button(fenster, text = "Klick mich")
```

Dem Button können ebenso die Eigenschaften Hintergrundfarbe, Schriftfarbe und Schriftart, sowie Breite und Höhe übergeben werden. Die Eigenschaften der GUI-Elemente können wir schon bei der Schaffung des jeweiligen Objekts bestimmen:

```
button_1 = Button(fenster, text = "Klick mich", bg = "#fcaf00", fg = "#fffa00",
                  font = "Consolas 10", width = 30, height = 5)
```

Schließlich müssen wir die Elemente noch mit der „pack"-Funktion in das Fenster einfügen. Die Reihenfolge, mit der wir die pack-Funktion aufrufen, bestimmt den Standort der Elemente von oben nach unten im Fenster:

```
label_1.pack()
label_2.pack()
button_1.pack()
label_3.pack()
```

Unser Fenster starten wir wieder mit der Methode mainloop:

```
fenster.mainloop()
```

Ergebnis:

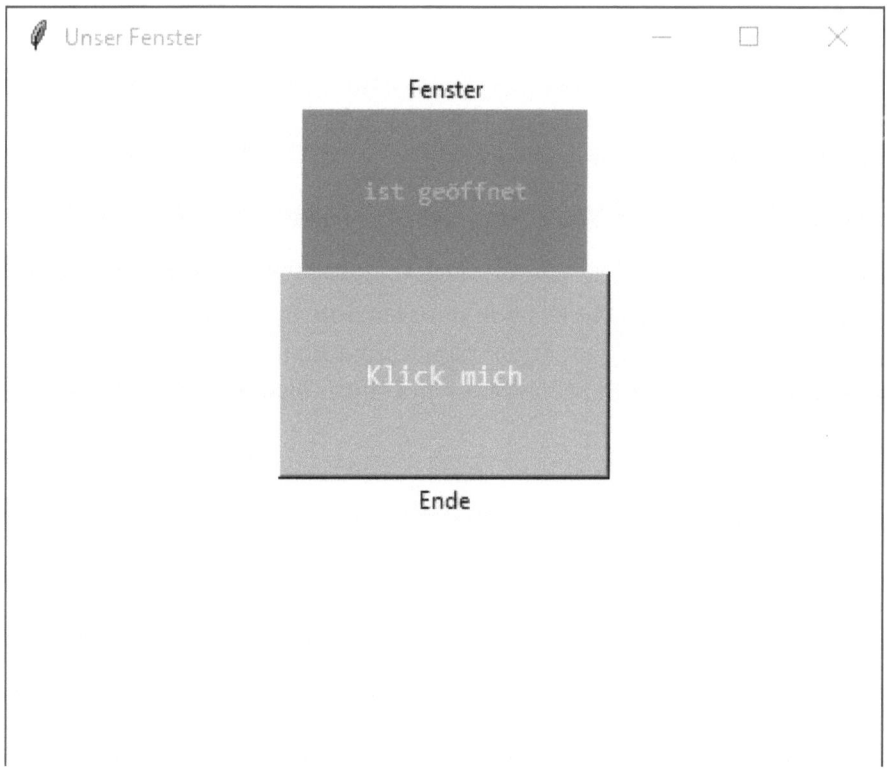

8.3 Button mit Funktion verknüpfen

Für unsere nächsten Widgets nutzen wir den bisherigen Code für unser Fenster weiter (die Größe stellen wir wieder zurück auf 350x150 Pixel):

```
from tkinter import *

fenster = Tk()
fenster.title("Unser Fenster")
fenster.geometry("350x150")
```

Um einen Button funktionsfähig zu machen, können wir diesen mit einer Funktion verknüpfen. In diesem Kapitel werden wir eine Standard-Funktion zum Schließen des Fensters, sowie eine selbst geschaffene Funktion mit einem Button verknüpfen.

Die selbst geschaffene Funktion soll ein Label erzeugen, das den Text „Button geklickt" anzeigen wird. In dieser Funktion erzeugen wir ein Label-Objekt, das wir unserem Fenster mit der pack-Funktion zuweisen werden:

```
def label_erzeugen():
    label = Label(fenster, text = "Button geklickt!")
    label.pack()
```

Wir erschaffen einen Button für das Erzeugen der Label. Unsere Funktion verknüpfen wir mit dem Parameter „command". Die Funktion nennen wir dabei ohne Klammern:

```
button_label = Button(fenster, text = "Klick mich", command = label_erzeugen)
```

Wir erschaffen einen weiteren Button, dem wir die Standard-Funktion „quit" übergeben. Die quit-Funktion schließt unser Fenster und beendet das Programm:

```
button_exit = Button(fenster, text = "EXIT", command = fenster.quit)
```

Im Rahmen des „pack"-Befehls können wir auch die Position der Elemente im Bildschirm anders bestimmen, als die übliche Reihenfolge von oben nach unten, nämlich mit dem Parameter „side". Wir nutzen diese Möglichkeit, indem wir unseren Button ganz unten im Fenster platzieren:

```
button_label.pack()
button_exit.pack(side = "bottom")
fenster.mainloop()
```

Ergebnis (nach drei Klicks auf den Button):

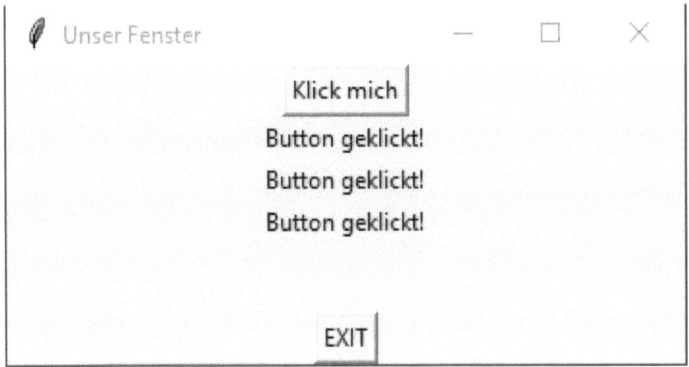

8.4 Color-Chooser

Mit dem folgenden Code stellen wir für unser Programm den Color-Chooser bereit. Dabei handelt es sich um ein Fenster, in dem wir eine Farbe auswählen oder bestimmen können und von dieser auch den RGB- oder Hexadezimal-Wert erhalten, was für viele Anwendungsbereiche sehr praktisch sein kann.

Neben dem Import des tkinter-Moduls ist zusätzlich der Import des colorchooser-Moduls explizit erforderlich:

```
from tkinter import *
from tkinter import colorchooser
```

Wir erzeugen ein Fenster mit der Größe 300x200 Pixel:

```
fenster = Tk()
fenster.geometry("300x200")
```

Wir nutzen den Color-Chooser im Rahmen einer Funktion, die mit dem Klick auf einen Button aufgerufen werden soll. Die ausgewählte Farbe speichern wir in eine Variable. Die Funktion „askcolor" liefert den RGB- und den Hexadezimal-Wert als String zurück. Wollen wir nur den RGB-Wert, können wir nach der Funktion eine 0 in eckige Klammern, für den Hexadezimal-Wert eine 1 in eckige Klammern schreiben:

```
def farbe_auswaehlen():
    meine_farbe = colorchooser.askcolor()[1]
```

Die Farbinformation lassen wir auf einem neu erzeugten Label anzeigen. Mehrere ausgewählte Farben werden auf mehreren Labels untereinander angezeigt:

```
    color_label = Label(fenster, text = meine_farbe, font = "Calibri 12")
    color_label.pack()
```

Dann erschaffen wir den Button, mit dem wir auf den Color-Chooser zugreifen werden und rufen die mainloop-Methode mit unserem Tk-Objekt auf:

```
color_button = Button(fenster, text = "Farbe auswählen", command =
                        farbe_auswaehlen)
color_button.pack()
fenster.mainloop()
```

Ergebnis (Auswahlmöglichkeit):

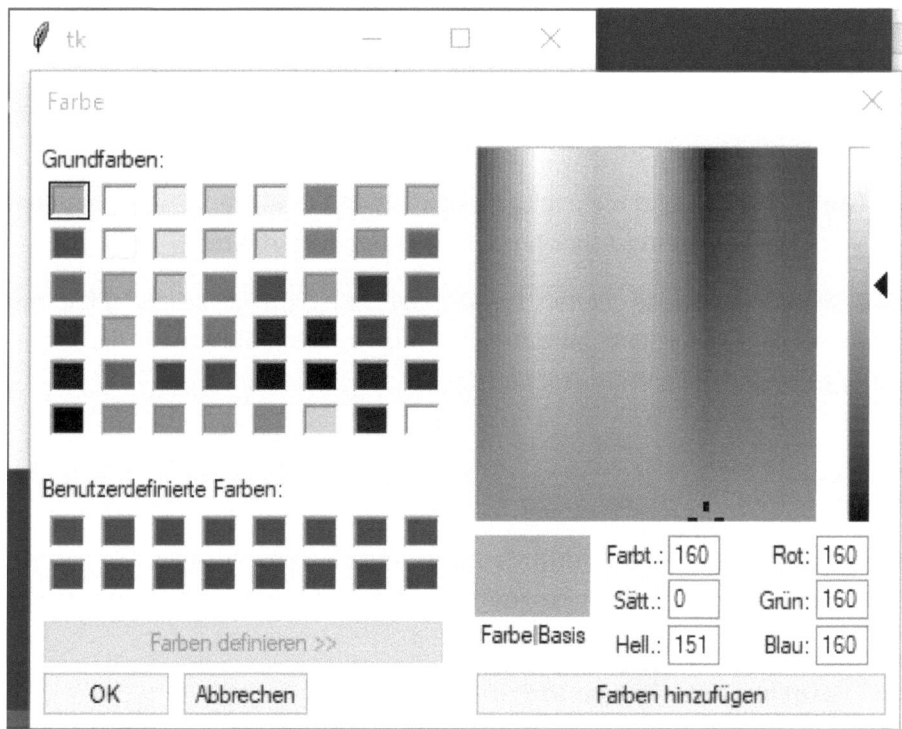

Ergebnis (nach getroffener Auswahl):

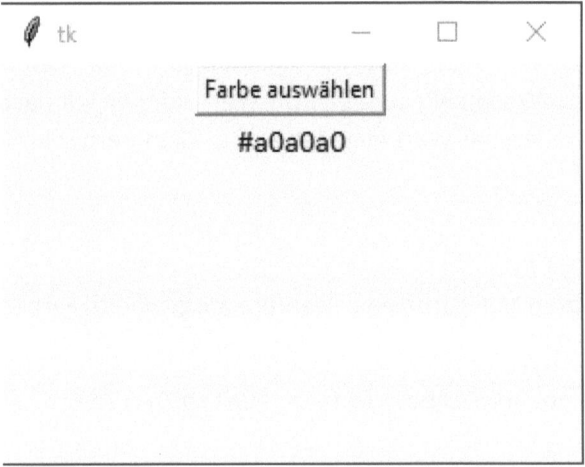

8.5 Eingabefelder

Für unsere nächsten Zeilen Code erzeugen wir ein Fenster, dem wir eine größere Höhe zur Verfügung stellen, um eine Vielzahl von Eingaben sichtbar zu machen:

```
from tkinter import *

fenster = Tk()
fenster.title("Unser Fenster")
fenster.geometry("350x750")
```

In Python gibt es die Möglichkeit, einzeilige und mehrzeilige Eingabefelder zu nutzen. Dabei bestehen zwei Möglichkeiten, Inhalte von Eingabefeldern zu speichern und weiterzuverarbeiten.

Einzeilige Eingabefelder sind Objekte der Klasse „Entry". Wir erzeugen ein einzeiliges Eingabefeld mit bestimmter Breite und geben mit der Eigenschaft „borderwidth" auch eine Randbreite für das Eingabefeld an. Dadurch erscheint das Eingabefeld im Fenster vertieft.

Eingabeverwertung Variante 1:

Die Eingabe in ein Entry-Objekt können wir mit der get()-Methode direkt an eine Variable oder ein anderes widget weitergeben. Dabei müssen wir bei der Programmierung des Entry-Objekts nichts weiter angeben:

```
entry = Entry(fenster, width = 50, borderwidth = 5)
```

Wir programmieren eine Funktion, die den in das einzeilige Eingabefeld geschriebenen Text auf ein neu erzeugtes Label überträgt. Um den Text zu erhalten, nutzen wir die get()-Methode des Entry-Objekts. Der in das Entry-Objekt eingegebene Text wird direkt an das Label übergeben:

```
def einzeilige_ausgabe():
    label = Label(fenster, text = entry.get())
    label.pack()
```

Eingabeverwertung Variante 2:

Statt die get()-Methode zu verwenden, können wir das Entry-Objekt mit einer Variable verknüpfen, die unter dem Attribut „textvariable" gespeichert wird. Diese Variable wird zuerst als StringVar()-Objekt erzeugt und anschließend bei der Erzeugung des Entry-Objekts genannt:

```
eingabe = StringVar()
entry = Entry(window, width = 50, borderwidth = 5, textvariable = eingabe)
```

In unserer Funktion, die ein Label erzeugt und in unserem Fenster platziert, nutzen wir dabei nicht die Eigenschaft „text", sondern verknüpfen das Label-Objekt ebenfalls mit dem StringVar()-Objekt, das mit dem Entry-Objekt verknüpft wurde. Auch das Label-Objekt stellt hierfür die Eigenschaft „textvariable" zur Verfügung:

```
def einzeilige_ausgabe():
    label = Label(window, textvariable = eingabe)
    label.pack()
```

Beide Varianten liefern in diesem Fall das gleiche Ergebnis. Vorteil der zweiten Variante ist, dass Änderungen des StringVar()-Objekts automatisch bei allen damit verknüpften widgets vorgenommen werden. Erweitern wir beispielsweise in unserer Funktion den Inhalt des StringVar()-Objekts, wird der erweiterte Inhalt nicht nur im Label angezeigt, sondern im Entry-Objekt, also dem Eingabefeld selbst! Wir können das mit folgendem Code austesten (den Code zur Erzeugung des Buttons weiter unten müssen wir zum Austesten vorwegnehmen):

```
def einzeilige_ausgabe():
    eingabe.set(eingabe.get() + "...")
    label = Label(window, textvariable = eingabe)
    label.pack()
```

Möglich wäre es auch, die erste Variante mit einer Zwischenvariable zu nutzen, die eine Eingabe über die get()-Methode speichert und weiterverarbeitet, bevor diese im Label angezeigt wird. Mit folgendem Code können wir einen erweiterten Text im Label (aber nicht im Eingabefeld) anzeigen lassen:

```
def einzeilige_ausgabe():
    eingabe = entry.get() + "..."
    label = Label(window, text = eingabe)
    label.pack()
```

Mehrzeilige Eingabefelder sind Objekte der Klasse „Text". Wir erzeugen ein mehrzeiliges Eingabefeld, für das wir eine etwas kleinere Breite als für unser einzeiliges Eingabefeld bestimmen. Trotzdem wird es in diesem Fall so sein, dass das mehrzeilige Eingabefeld etwas breiter ist als das einzeilige, wie wir gleich sehen werden:

```
text = Text(fenster, width = 40, borderwidth = 5)
```

Wir programmieren eine weitere Funktion, die den Inhalt des mehrzeiligen Eingabefeldes in ein weiteres Label schreibt:

```
def mehrzeilige_ausgabe():
```
Bei der get()-Methode müssen wir hier den Anfang und das Ende der Übertragung des Eingabefenster-Inhalts angeben:

```
    label = Label(fenster, text = text.get("1.0", END))
    label.pack()
```

Unsere Funktionen verknüpfen wir mit den Buttons, für die wir ebenso eine Randbreite festlegen. Buttons erscheinen dabei nicht vertieft, sondern erhaben:

```
button_1 = Button(fenster, text = "Klick", command = einzeilige_ausgabe,
                  borderwidth = 5)
button_2 = Button(fenster, text = "Klick", command = mehrzeilige_ausgabe,
                  borderwidth = 5)
```

Zu guter Letzt bestimmen wir die Reihenfolge der widgets im Fenster und rufen die mainloop()-Methode auf:

```
button_1.pack()
entry.pack()
button_2.pack()
text.pack()

fenster.mainloop()
```

Ergebnis (ohne Erweiterung der Eingabe im oberen Eingabefeld):

8.6 Layout I – Grid-System

Das Grid-System ist eine Möglichkeit, ein Layout mit TKinter zu erzeugen und die widgets in dieses Layout einzufügen.

Wir erschaffen ein Fenster mit passendem Titel und der Größe von 350x150 Pixeln:

```
from tkinter import *

fenster = Tk()
fenster.title("Gitter-System")
fenster.geometry("350x150")
```

Das Grid-System besteht aus Zeilen und Spalten, in die wir unsere widgets einfügen können. Wir erzeugen drei Label und weisen ihnen Zahlen als Inhalte zu:

```
label_1 = Label(fenster, text = " 1 ")
label_2 = Label(fenster, text = " 2 ")
label_3 = Label(fenster, text = " 3 ")
```

Die Label können wir anschließend mit der grid()-Funktion in bestimmte Zeilen durch den Parameter „row" und Spalten durch den Parameter „column" einfügen. Dabei geben wir die Zeilen und Spalten mit Zahlen, beginnend bei 0 an:

```
label_1.grid(row = 0, column = 0)
label_2.grid(row = 0, column = 1)
label_3.grid(row = 1, column = 1)
```

Die grid()-Funktion können wir auch gleich bei der Erzeugung des widgets direkt in der gleichen Codezeile nutzen. Das machen wir bei zwei weiteren Label-Objekten:

```
lab_4 = Label(fenster, text = " 4 ").grid(row = 1, column = 2)
lab_5 = Label(fenster, text = " 5 ").grid(row = 1, column = 3)
```

Wenn wir die grid()-Funktion verwenden, müssen wir nicht mehr die Elemente mit der pack()-Funktion in unserem Fenster platzieren. Es fehlt nur noch der Aufruf der mainloop()-Methode:

```
fenster.mainloop()
```

Ergebnis:

Mit der padding-Eigenschaft können wir Abstände zu den anderen widgets bestimmen. Dabei können wir zwischen Abständen an der x- und y-Achse unterscheiden:

```
label_3["padx"] = 15
label_3["pady"] = 25
fenster.mainloop()
```

Die Abstände, die wir für das dritte Label bestimmt haben, wirken sich auch auf darüber- und danebenliegende Elemente aus. Das zweite Label hat – wie wir am Ergebnis sehen, nämlich den gleichen Abstand zum ersten Label an der y-Achse wie das dritte Label und das vierte und das fünfte Label haben den gleichen Abstand zu den darüberliegenden Elementen wie das dritte Label . Praktisch gesehen haben wir damit für die zweite Spalte und die zweite Zeile insgesamt breitere Abstände bestimmt.

Ergebnis:

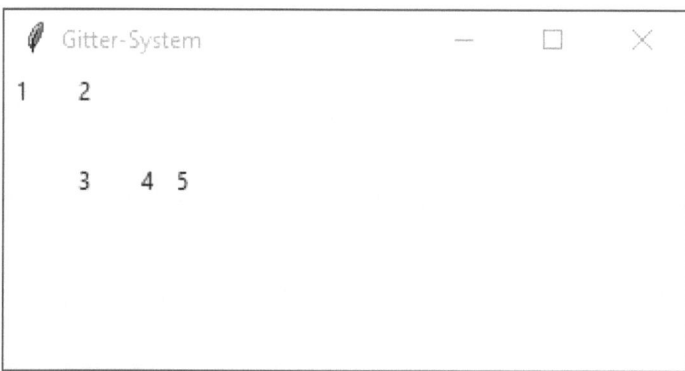

8.7 Layout II – Place-System

Anstelle des Grid-Systems können wir widgets mit der place()-Funktion in das Fenster einfügen.

Dabei müssen wir die Position unserer Elemente durch Punkte an der x- und y-Achse bestimmen. Der Punkt mit der x-Koordinate 0 und y-Koordinate 0 ist dabei der Punkt links oben im Fenster.

Unser Fenster programmieren wir mit folgenden Eigenschaften:

```
from tkinter import *

fenster = Tk()
fenster.title("Place-System")
fenster.geometry("350x150")
```

Wir erstellen drei Label mit folgenden Inhalten:

```
label_1 = Label(fenster, text = " 1 ")
label_2 = Label(fenster, text = " 2 ")
label_3 = Label(fenster, text = " 3 ")
```

Wenn wir widgets an einer ganz bestimmten Stelle im Fenster platzieren möchten, müssen wir die Abstände nach rechts und nach unten vom Punkt oben links im Fenster aus gesehen bestimmen. Diese Abstände bestimmen wir mit den Parametern „x" und „y", denen wir die Abstände in Pixeln als Zahlen übergeben:

```
label_1.place(x = 10, y = 20)
label_2.place(x = 10, y = 40)
label_3.place(x = 30, y = 40)

fenster.mainloop()
```

Ergebnis:

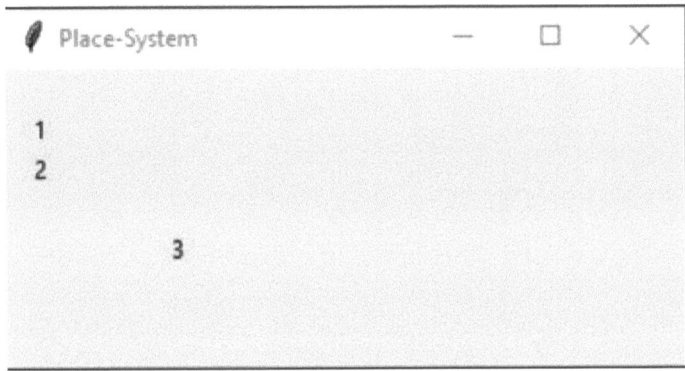

Bei der Positionsbestimmung müssen wir berücksichtigen, dass sich Label, die zu nahe nebeneinander oder untereinander platziert werden, gegenseitig überlappen. Die Textinhalte der folgenden Label beispielsweise werden nicht vollständig angezeigt:

```
label_4 = Label(fenster, text = "...text...").place(x = 10, y = 80)
label_5 = Label(fenster, text = "...text...").place(x = 30, y = 80)

fenster.mainloop()
```

Ergebnis:

8.8 Icon und Image

Für unsere nächsten widgets programmieren wir ein Fenster ohne festgelegte Größe. Die Größe des Fensters wird sich nämlich automatisch an das Bild anpassen, welches dieses beinhalten soll:

```
from tkinter import *

fenster = Tk()
fenster.title("Bild")
```

Wir beginnen damit, das Icon unseres Fensters in der Titelleiste auszutauschen. Statt der sonst angezeigten Feder werden wir ein Icon verwenden, das das Symbol der Programmiersprache Python abbildet.

Um ein Icon einzusetzen, verwenden wir die iconbitmap()-Funktion. Dieser müssen wir den Dateipfad, in dem sich das Icon befindet, inklusive der Icon-Datei, als String übergeben:

```
fenster.iconbitmap("C:\Pics\Python.ico")
```

Um Bilder mit Dateiformaten wie jpg oder png in ein Fenster einsetzen zu können, muss das Modul Pillow installiert werden. Die Installation ist möglich durch den Kommandozeilenbefehl „pip install Pillow" und der Bestätigung durch die ENTER-Taste. In unserem Konsolenausgabefenster können wir den Reiter „Terminal" anklicken, um in das Kommandozeilenfenster zu gelangen:

Anmerkung: In diesem Fall wurde das Modul Pillow schon installiert. Deshalb erscheint hier die Mitteilung, dass das Modul schon vorhanden ist, hier aber mit dem Hinweis, dass es eine neuere Version davon gibt.

Anschließend können wir aus dem Modul Pillow das Modul ImageTK und die Klasse Image importieren. Das Modul Pillow wird mit PIL abgekürzt:

```
from PIL import ImageTk, Image
```

Aus dem Modul ImageTK nutzen wir die Klasse PhotoImage und übergeben mit dem Befehl Image.open den Dateipfad inklusive der Datei, die wir als Bild anzeigen wollen, mit richtiger Endung:

```
image = ImageTk.PhotoImage(Image.open("C:\Pics\Laptop.jpg"))
```

Das Bild können wir über den Parameter „image" an ein Label übergeben und damit in unserem Fenster anzeigen lassen:

```
label = Label(image = image).pack()

fenster.mainloop()
```

Ergebnis:

8.9   Frames und Radiobuttons am Beispiel eines Taschenrechners

Unsere nächsten widgets werden wir in einer etwas umfangreicheren Anwendung nutzen. Dafür erzeugen wir ein Fenster mit folgenden Eigenschaften:

```
from tkinter import *

fenster = Tk()
fenster.title("Bild")
fenster.geometry("350x200")
```

Um Elemente mit Gruppencharakter wie beispielsweise RadioButtons in unserem Fenster zu platzieren, eignen sich besonders Frames. Ein Frame ist ein Rahmen, der in erster Linie genutzt werden kann, um widgets zu gruppieren, aber auch, um optische Effekte zu erzielen.

Dem Frame-Objekt kann durch den Parameter „relief" ein Randdesign zugewiesen werden und durch den Parameter „borderwidth" die Randstärke angepasst werden:

```
frame = Frame(fenster, relief = "ridge", borderwidth = 2)
```

Dem Rahmen können wir eine Reihe von RadioButtons (Optionsfelder) zuweisen. Damit diese praktisch genutzt werden können, müssen wir den Wert des aktivierten Radiobutton-Objekts speichern. Dabei bietet sich die Speicherung als Ganzzahl mit einem IntVar()-Objekt an:

```
option = IntVar()
```

Die einzelnen Radiobuttons weisen wir in diesem Fall nicht dem Fenster zu, sondern dem Rahmen als übergeordnetes Element. Die Radiobuttons erhalten als Parameter über die Eigenschaft „value" einen Wert, der gespeichert wird, wenn der jeweilige Radiobutton aktiviert wurde. Im Rahmen einer Kontrollstruktur kann dieser Wert verwendet werden, um zu prüfen, welcher der RadioButtons aktiviert wurde. Der Parameter „variable" bestimmt dabei, wohin dieser Wert gespeichert wird, nämlich in unser Objekt „option". Wir programmieren für die vier grundlegenden mathematischen Operationen (+, -, X, /) jeweils einen RadioButton:

```
radioPlus = Radiobutton(frame, text = "+", value = 1, variable = option).pack()
radioMinus = Radiobutton(frame, text = "-", value = 2, variable = option).pack()
radioMulti = Radiobutton(frame, text = "x", value = 3, variable = option).pack()
radioDivi = Radiobutton(frame, text = "/", value = 4, variable = option).pack()
frame.pack()
```

Jetzt benötigen wir noch die beiden Eingabefelder für die Zahlen, die wir miteinander verrechnen möchten. Damit eine in das jeweilige Eingabefeld geschriebene Zahl verwendet werden kann, sollten wir ein DoubleVar()-Objekt zur Speicherung dieses Wertes erzeugen (damit wir auch Kommazahlen verrechnen können). Das Objekt muss über den Parameter „textvariable" mit dem Eingabefeld verknüpft werden. Diesen Code fügen wir über dem Code zur Erzeugung der RadioButtons ein, damit das erste Eingabefeld :

```
erste_zahl = DoubleVar()
entry_1 = Entry(fenster, width = 30, textvariable = erste_zahl).pack()
```

Jetzt können wir das zweite Eingabefeld und das zugehörige DoubleVar()-Objekt erzeugen. Diesen Code schreiben wir unter den Code zur Erzeugung der RadioButtons:

```
zweite_zahl = DoubleVar()
entry_2 = Entry(fenster, width = 30, textvariable = zweite_zahl).pack()
```

Das Berechnungsergebnis werden wir in einem Label anzeigen lassen. Dieses wird mit einem weiteren DoubleVar()-Objekt verknüpft:

```
ergebnis = DoubleVar()
label_ergebnis = Label(fenster, textvariable = ergebnis).pack()
```

Wir programmieren eine Funktion, die beide Zahlen miteinander verrechnen wird. Dabei müssen wir die vier Berechnungsoptionen unterscheiden. Danach erzeugen wir einen Button, dem wir die Methode übergeben:

```
def rechnen():
    if option.get() == 1:
        ergebnis.set(float(erste_zahl.get()) + float(zweite_zahl.get()))
    if option.get() == 2:
        ergebnis.set(float(erste_zahl.get()) - float(zweite_zahl.get()))
    if option.get() == 3:
        ergebnis.set(float(erste_zahl.get()) * float(zweite_zahl.get()))
    if option.get() == 4:
        ergebnis.set(float(erste_zahl.get()) / float(zweite_zahl.get()))

button = Button(fenster, text = "Berechnen", command = rechnen).pack()
```

Der Sinn und Zweck der Gruppierung von widgets durch den Rahmen wird vor allem bei der Nutzung von Radiobuttons deutlich. Wenn ein weiterer Radiobutton in das Fenster eingefügt wird (nicht in den Rahmen!), kann dieser aktiviert werden, ohne dabei die Radiobuttons im Rahmen zu beeinflussen Der neue RadioButton wird sich unter dem Button „Berechnen" befinden:

```
r = Radiobutton(fenster).pack()
fenster.mainloop()
```

Ergebnis:

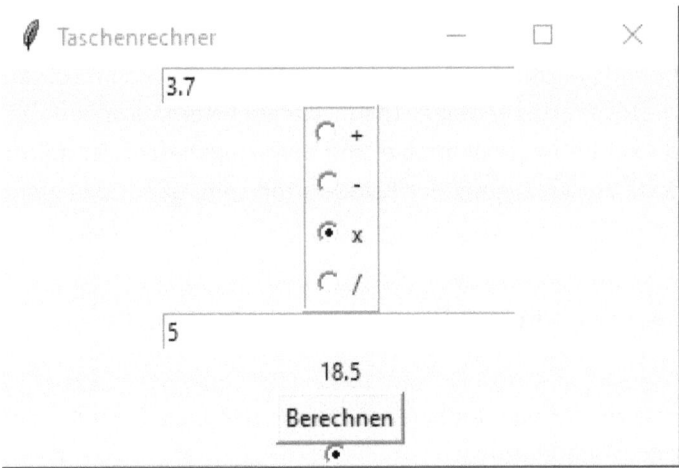

8.10 Programmieraufgabe 7

Erweitere das Spiel aus Programmieraufgabe 6 mit einer grafischen Benutzeroberfläche.

Der Code der Dateien „game.py", „game_logic.py" und game_data.py" ist für das Spiel, basierend auf einer grafischen Benutzeroberfläche modifiziert (Codes siehe unten). Wichtig für die Lösung ist, dass die Objekte des GUI-Moduls, das von der Datei „game_logic.py" importiert wird, so genannt werden, dass die Zugriffe im Code der Datei „game_logic.py" nicht fehlschlagen.

Für die grafische Benutzeroberfläche gelten folgende Vorgaben:

- der Code muss in einer Datei mit dem Namen „game_gui.py" geschrieben werden.

- für das Fenster eignet sich eine Größe von 500x760, der Titel ist frei wählbar.

- das Spielfeld wird in einen Rahmen (Name: „rahmen_spielfeld") eingebettet, für das Randdesign kann die Eigenschaft „sunken" verwendet werden.

- das Spielfeld besteht aus einem zweidimensionalen Array aus Label-Objekten (Name: „labels"), das mit folgendem Code erzeugt und dem Rahmen zugewiesen werden kann:

```
labels = [
    [Label(
        rahmen_spielfeld,
        width = 6,
        height = 3,
        borderwidth = 1,
        relief = "solid"
    ) for i in range(10)] for j in range(10)]
```
- alle Label-Objekte können in einer verschachtelten For-Schleife einer Position in einem Grid-Layout (Grid-System) zugewiesen werden (ansonsten brauchst du 100 Zeilen Code...). Dabei sollen in der inneren Schleife alle Zeilen durchlaufen werden, die äußere Schleife soll alle Spalten im Grid-System durchlaufen.

- die widgets unterhalb des Spielfelds werden in einen weiteren Rahmen (Name: „rahmen_eingabe") eingebettet.

- dem Rahmen soll ein Label-Objekt (Name: „label_entry") ohne vorgegebenen Text hinzugefügt werden.

- dem Rahmen soll auch ein Label-Objekt (Name: „label_info") mit folgenden Eigenschaften hinzugefügt werden:

```
text =
'***** Steuerung *****\n'
'"w" : geradeaus gehen\n'
'"a" : nach links gehen\n'
'"s" : zurückgehen\n'
'"d" : nach rechts gehen\n'
'"f" : kämpfen\n'
'"z" : Spiel beenden',
justify = "left"
)
```
- dem Rahmen soll außerdem ein Entry-Objekt (Name: „entry") mit passender Breite und Randstärke hinzugefügt werden.

- das letzte widget für den Eingabe-Rahmen soll ein Button-Objekt (Name: „button_eingabe") mit dem Text „Ok" sein.

- die beiden Rahmen und die vier letzten widgets müssen in der richtigen Reihenfolge mit dem pack()-Befehl in das Fenster gesetzt werden.

Hinweis:

Die mainloop()-Methode wird in der Datei „game.py" aufgerufen.

Den Code der modifizierten Dateien kannst du dir unter https://github.com/KScholze/text_game_gui kostenlos herunterladen:

Datei game.py:

```python
from text_game.game_logic import *

label_entry.configure(
    text =
    "XXX Willkommen im Dungeon XXX\n"
    "Du bist in einem dunklen Verließ und musst einen Schatz suchen\n"
    "Doch du bist nicht alleine. Sei auf der Hut...\n"
)


# mainloop erst hier starten!
fenster.mainloop()
```

Datei game_logic.py:

```python
from text_game.game_data import *
from text_game.game_gui import *
import random

# Spielfeld erzeugen (Länge, Breite, Schatz-Position X, Schatz-Position Y)
feld = Feld(10, 10, 9, 8)

# Player erzeugen (Position X, Position Y, hp, Waffe, Waffenstärke)
spieler = Spieler(1, 1, 100, "Knüppel", 10)
labels[spieler.x_pos - 1][10 - spieler.y_pos].configure(text = "x")
im_kampf = False

def eingabe_verarbeiten():
    label_entry.configure(text = "Was wirst du tun?")
    eingabe = entry.get()
    entry.delete(0, END)
    if im_kampf == True:
        kampf_verarbeiten(eingabe)
    # Player über das Spielfeld bewegen, solange Spielfeld-Ende nicht erreicht
    elif eingabe == "w" or eingabe == "s" or eingabe == "d" or eingabe == "a":
        bewegen(eingabe)
        # Spiel beenden, wenn abgebrochen werden soll
```

```
    elif eingabe == "z":
        exit()
    else:
        label_entry.configure(text = "Ungültige Eingabe")

button_eingabe.configure(command = eingabe_verarbeiten)

def bewegen(eingabe):
    # Player über das Spielfeld bewegen, solange Spielfeld-Ende nicht erreicht
    if eingabe == "w" and spieler.y_pos < feld.hoehe:
        labels[spieler.x_pos - 1][10 - spieler.y_pos].configure(text = "")
        spieler.y_pos += 1
    elif eingabe == "s" and spieler.y_pos > 1:
        labels[spieler.x_pos - 1][10 - spieler.y_pos].configure(text = "")
        spieler.y_pos -= 1
    elif eingabe == "d" and spieler.x_pos < feld.breite:
        labels[spieler.x_pos - 1][10 - spieler.y_pos].configure(text = "")
        spieler.x_pos += 1
    elif eingabe == "a" and spieler.x_pos > 1:
        labels[spieler.x_pos - 1][10 - spieler.y_pos].configure(text = "")
        spieler.x_pos -= 1
    else:
        label_entry.configure(text = "Du kommst hier nicht weiter.")
        return

    labels[spieler.x_pos - 1][10 - spieler.y_pos].configure(text = "x")

    if spieler.x_pos == feld.schatz_position_x and spieler.y_pos ==
            feld.schatz_position_y:
        def schatz_gefunden():
            label_entry.configure(text = "Du hast den Schatz gefunden! Das
                                          Spiel ist vorbei...")
        label_entry.configure(text = "Du hast den Schatz gefunden!")
        button_eingabe.configure(command = schatz_gefunden)
    else:
        ereignis()

def spieler_lebt():
    global spieler
    if spieler.hp < 1:
        label_entry.configure(text = "Du hast den Kampf nicht überlebt!")
        del spieler
        def spieler_gestorben():
            label_entry.configure(text = "Du bist gestorben. Das Spiel ist
                                          vorbei...")
        button_eingabe.configure(command = spieler_gestorben)

gegner = Gegner("Gegner", 0, 0)
def kampf_verarbeiten(eingabe):
    global im_kampf
    global gegner
    if eingabe == "f":
        gegner.hp -= spieler.staerke
        if gegner.hp < 1:
            label_entry.configure(text = f"Du hast den {gegner.name} getötet!")
            del gegner
```

```python
            im_kampf = False
        else:
            spieler.hp -= gegner.staerke
            label_entry.configure(
                text =
                "Dein Gegner ist noch nicht tot.\n"
                "Kämpfst du oder läufst du weg? (Wahrscheinlichkeit, fliehen
                    zu können: 1/3)\n"
                'Gib "f" für kämpfen ein, etwas anderes für flüchten.\n'
                f"Deine aktuelle Gesundheit: {spieler.hp}"
            )
            spieler_lebt()
    else:
        ereignis_wahrscheinlichkeit = random.randint(1, 3)
        if ereignis_wahrscheinlichkeit == 1:
            label_entry.configure(text = "Deine Flucht war erfolgreich!")
            im_kampf = False
        else:
            spieler.hp -= gegner.staerke
            label_entry.configure(
                text=
                "Du wirst angegriffen!\n"
                "Dein Gegner ist noch nicht tot.\n"
                "Kämpfst du oder läufst du weg? (Wahrscheinlichkeit, fliehen
                    zu können: 1/3)\n"
                'Gib "f" für kämpfen ein, etwas anderes für flüchten.\n'
                f"Deine aktuelle Gesundheit: {spieler.hp}"
            )
            spieler_lebt()


def ereignis():
    # Unterfunktion kaempfen() (Funktion in der Funktion ereignis())
    def kaempfen():
        global im_kampf
        im_kampf = True
        ereignis_wahrscheinlichkeit = random.randint(1, 3)

        global gegner
        # Gegner ist ein Goblin (Wahrscheinlichkeit 2/3)
        if ereignis_wahrscheinlichkeit == 1 or ereignis_wahrscheinlichkeit
            == 2:
            gegner = Goblin()
        # Gegner ist ein Zwerg (Wahrscheinlichkeit 1/3)
        else:
            gegner = Zwerg()

        label_entry.configure(
            text =
            f"Mist! Ein {gegner.name} stellt sich mir in den Weg!\n"
            "Kämpfst du oder läufst du weg? (Wahrscheinlichkeit, fliehen zu
                    können: 1/3)\n"
            'Gib "f" für kämpfen ein, etwas anderes für flüchten.\n'
            f"Deine aktuelle Gesundheit: {spieler.hp}"
        )

    # Unterfunktion waffe_gefunden() (Funktion in der Funktion ereignis())
```

```python
def waffe_gefunden():
    waffen_index = random.randint(0, len(waffen) - 1)
    gefundene_waffe = list(waffen.keys())[waffen_index]
    label_text = f"Du hast eine neue Waffe gefunden.\nDie neue Waffe:
                {gefundene_waffe}"
    if spieler.staerke >= list(waffen.values())[waffen_index]:
        label_text += "\nSo ein Mist! Die Waffe ist schwächer als meine
                bisherige."
        label_entry.configure(text = label_text)
    else:
        label_text += "\nDie Waffe wird mir gute Dienste leisten..."
        label_entry.configure(text = label_text)
        spieler.waffe = gefundene_waffe
        spieler.staerke = list(waffen.values())[waffen_index]


# zufällige Ereignisse steuern
ereignis_wahrscheinlichkeit = random.randint(1, 10)

# 1. Gegner taucht auf (Wahrscheinlichkeit 1/5)
if ereignis_wahrscheinlichkeit <= 2:
    kaempfen()

# 2. Waffe wird gefunden (Wahrscheinlichkeit 1/10)
elif ereignis_wahrscheinlichkeit == 3:
    waffe_gefunden()
```

Datei game_data.py:

(Code unverändert; siehe Lösungsvorschlag Programmieraufgabe 6)

Viel Spass und viel Erfolg!

8.11 Lösungsvorschlag Programmieraufgabe 7

Ergebnis:

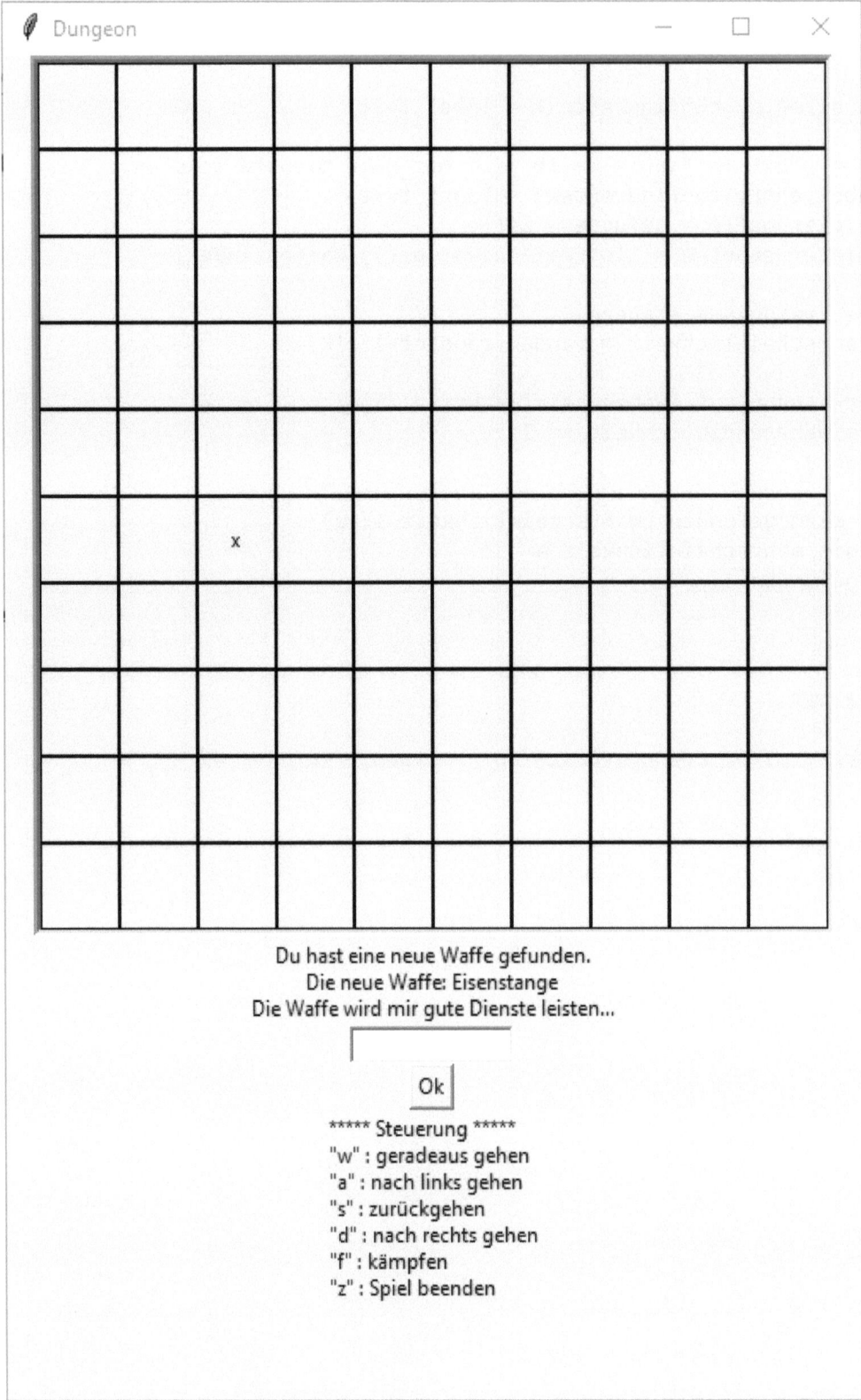

Code:

Datei game_gui.py:

```python
from tkinter import *

fenster = Tk()
fenster.title("Dungeon")
fenster.geometry("500x760")

rahmen_spielfeld = Frame(fenster, relief = "sunken", borderwidth = 4)

labels = [
    [Label(
        rahmen_spielfeld,
        width = 6,
        height = 3,
        borderwidth = 1,
        relief = "solid"
    ) for i in range(10)] for j in range(10)]

for i in range(10):
    for j in range(10):
        labels[i][j].grid(row = j, column = i)

rahmen_eingabe = Frame(fenster)

label_entry = Label(rahmen_eingabe)
label_info = Label(rahmen_eingabe,
                text =
                '***** Steuerung *****\n'
                '"w" : geradeaus gehen\n'
                '"a" : nach links gehen\n'
                '"s" : zurückgehen\n'
                '"d" : nach rechts gehen\n'
                '"f" : kämpfen\n'
                '"z" : Spiel beenden',
                justify = "left"
                )

entry = Entry(rahmen_eingabe, width = 15, borderwidth = 2)
button_eingabe = Button(rahmen_eingabe, text = "Ok")

rahmen_spielfeld.pack()
rahmen_eingabe.pack()

label_entry.pack()
entry.pack()
button_eingabe.pack()
label_info.pack()
```

9 Fehlerbehandlung

Beim Programmieren können viele Fehler passieren, die in ihrer Art und ihren Auswirkungen sehr unterschiedlich sein können. Damit ein Programm korrekt und sicher funktioniert, müssen mögliche Fehlerquellen erkannt und behandelt werden. Ansonsten können Fehler vor allem bei umfangreicheren Programmen große Schäden hervorrufen.

9.1 Fehlerarten

Programmierfehler können grob in drei Fehlerarten unterschieden werden, nämlich Syntaxfehler, Laufzeitfehler und Semantikfehler.

Syntaxfehler sind Fehler in der Formulierung oder Zusammensetzung des Codes. Diese Fehler sind die einfachsten und auch „dankbarsten" Fehler, weil schon jede Entwicklungsumgebung den Code beanstandet, bevor das Programm überhaupt ausgeführt werden kann. Ansonsten weist der Interpreter schnell darauf hin, dass es einen Syntaxfehler gibt. Oft ist das ein falsch geschriebener Methodenaufruf oder auch das Vergessen von Anführungszeichen, wenn ein String gemeint ist.

Laufzeitfehler sind Fehler, die erst während der Programmlaufzeit auftreten. Darunter fallen beispielsweise falsche Nutzereingaben oder die Division durch 0. Laufzeitfehler sind deutlich schwieriger zu finden und zu beheben als Syntaxfehler, weil das Programm auch mit Laufzeitfehlerquellen einwandfrei funktionieren kann. Unerwartete Benutzereingaben oder ein unerwartetes Ereignis oder Ergebnis können aber ausreichen, um das Programm zum Absturz zu bringen.

Semantikfehler sind Fehler, die nicht das gewünschte Ergebnis liefern. Semantikfehler werden auch als logische Fehler bezeichnet. Diese Fehlerart ist die „undankbarste", weil sie häufig nicht bemerkt wird und am schwierigsten zu beheben ist. Semantikfehler können vor allem in der Folge zu weitreichenden zusätzlichen Problemen führen, wenn diese zu fehlerhaften Daten führen, mit denen das Programm weiterarbeiten soll.

Dieses einfache Beispiel zeigt, dass wir selbst in einem sehr überschaubaren Programm alle drei Fehlerarten finden, bzw. ermöglichen können:

```python
# Syntaxfehler, wenn "print" falsch geschrieben oder "" fehlen
print("Bitte gib drei Zahlen ein")

summe = 0
i = 1
# Logischer Fehler, wenn Schleifenbedingung i <= 4
while i < 4:
    # Laufzeitfehler, wenn Buchstabe oder Sonderzeichen eingegeben wird
    summe += eval(input((str)(i) + ". Zahl: "))
    i += 1

print("Summe:", summe)

# Folge des logischen Fehlers, wenn Schleifenbedingung i <= 4
print("Durchschnitt:", (summe / 3.0))
```

9.2 Syntaxfehler beheben

Unsere ersten Fehlerquellen bauen wir in den Quellcode ein, indem wir in folgender Codezeile den Methodenaufruf falsch schreiben und die Anführungszeichen am Anfang und am Ende des auszugebenden Textes vergessen:

```
# Syntaxfehler, wenn "print" falsch geschrieben oder "" fehlen
prit(Bitte gib drei Zahlen ein)
```

Die Entwicklungsumgebung PyCharm sorgt schon jetzt dafür, dass auf zwei Syntaxfehler hingewiesen wird, indem diese rot unterstrichen werden:

Abgesehen davon weist PyCharm auf Fehlerquellen im Code durch das Ausrufezeichen-Symbol auf rotem Hintergrund rechts oben im Code-Editor hin. Neben diesem steht auch die Anzahl der gefundenen Fehler (hier verwirrt die Zahl 11 vielleicht etwas, aber nehmen wir den falschen Funktionsaufruf, jeden Begriff in der Ausgabe zzgl. aller Leerzeichen und dem Ende der Codezeile, dann kommen wir auch auf diese Zahl…). Rechts im Code-Editor weist eine rote Linie auch auf eine Fehlerquelle hin. Wenn wir auf diese klicken, springen wir in den fehlerhaften Code.

Eine Entwicklungsumgebung wie PyCharm macht es uns leicht, Syntaxfehler zu finden und entsprechend zu beheben. In den meisten Fällen ergibt sich bei Syntaxfehlern die Lösung von selbst. Die vergessenen Anführungszeichen fügen wir in die Ausgabeanweisung ein.

Der Methodenaufruf „prit" ist dagegen auf den ersten Blick nicht unbedingt sofort als Fehler erkennbar. PyCharm bietet hierfür noch eine Hilfe an, die wir Aufrufen können, wenn wir mit dem Mauszeiger über den Funktionsaufruf scrollen:

Aus dem Hilfefenster unterhalb des Codes ergibt sich, dass wir es mit einer ungelösten Referenz namens „prit" zu tun haben. Uns wird angeboten, dass eine Funktion mit diesem Namen erstellt wird oder unter dem Begriff „More actions…" ein paar andere Lösungsvorschläge:

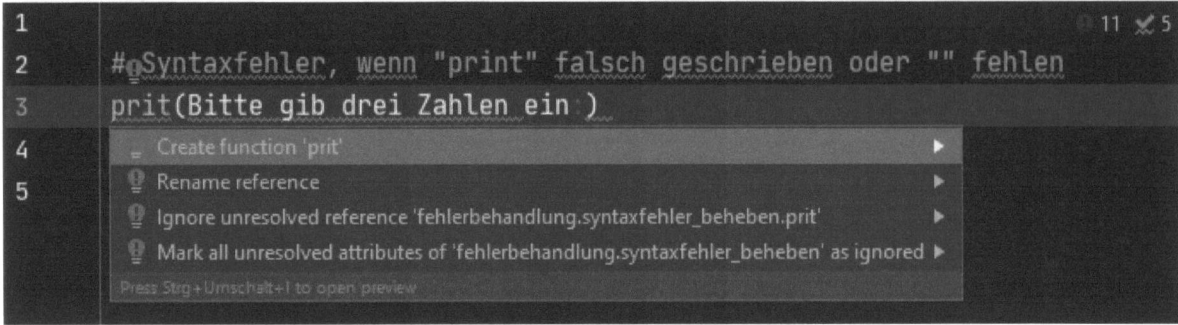

In diesem konkreten Fall bringt uns leider keine der genannten Lösungen weiter. Wir entscheiden uns dafür, den „prit"-Befehl neu zu schreiben, löschen alle Buchstaben von rechts bis auf den ersten und erinnern uns an die Tastenkombination STRG + Leertaste:

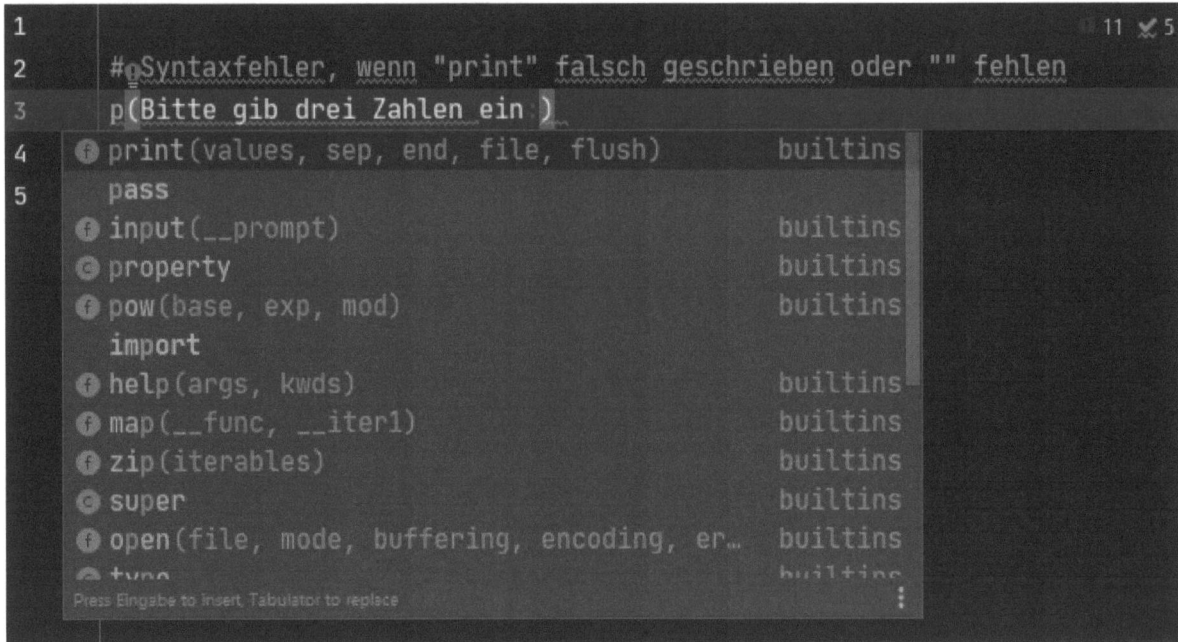

Spätestens jetzt fällt uns der erste Vorschlag, nämlich der print-Befehl, auf, für den wir uns mit der ENTER-Taste entscheiden und unseren Code damit korrigiert haben.

Danach setzen wir den auszugebenden Text in Anführungszeichen.

Unsere korrigierte Zeile Code:

```
print("Bitte gib drei Zahlen ein")
```

9.3 Laufzeitfehler beheben

Unsere Laufzeitfehlerquelle haben wir in der Nutzereingabe:

```
# Laufzeitfehler, wenn Buchstabe oder Sonderzeichen eingegeben wird
summe += eval(input((str)(i) + ". Zahl: "))
```

Der Fehler kann hier entstehen, wenn beispielsweise ein Buchstabe oder ein Sonderzeichen eingegeben wird.

Die Behandlung von Laufzeitfehlern in der Programmiersprache Python ist im Rahmen von „try"- und „except"-Blöcken möglich. Laufzeitfehler werden oft auch Exceptions (Ausnahmen) genannt, die Fehlerbehandlung dementsprechend auch Ausnahmebehandlung.

Code, der einen Laufzeitfehler zur Folge haben kann, wird zuerst in einen try-Block geschrieben. Wie bei Kontrollstrukturen auch muss dieser Code eingerückt sein:

```
try:
        summe += eval(input((str)(i) + ". Zahl: "))
```

Der try-Block muss durch einen except- oder finally-Block abgeschlossen werden. Im except-Block steht der Code, der ausgeführt werden soll, wenn der Laufzeitfehler entstanden ist. Nach dem Schlüsselwort except können wir noch die Art des Fehlers angeben, der behandelt werden soll. Diesen können wir anhand der Konsolenausgabe schnell herausfinden, indem wir ihn absichtlich erzeugen:

```
D:\Python\python.exe D:/PyCharm/PycharmProjects/PythonTutorial/fehlerbehandlung/fehlerarten.py
Bitte gib drei Zahlen ein
1. Zahl: t
Traceback (most recent call last):
  File "D:/PyCharm/PycharmProjects/PythonTutorial/fehlerbehandlung/fehlerarten.py", line 10, in <module>
    summe += eval(input((str)(i) + ". Zahl: "))
  File "<string>", line 1, in <module>
NameError: name 't' is not defined

Process finished with exit code 1
```

Aus der letzten Zeile in der Konsolenausgabe ergibt sich, dass wir es mit einem NameError zu tun haben, zumindest dann, wenn wir einen Buchstaben eingeben.

Unseren try-Block ergänzen wir also um einen except-Block, der den NameError behandeln soll. In diesem Fall soll unser Programm mitteilen, dass die Eingabe fehlerhaft war. Außerdem sollte diese Eingabe nicht gewertet werden, damit tatsächlich drei Zahlen eingegeben werden. Die Zählvariable i darf also nicht erhöht werden. Wir sorgen mit einer continue-Anweisung dafür, dass die Schleife ohne Zählvariablen-Erhöhung nochmal durchlaufen wird:

```
try:
        summe += eval(input((str)(i) + ". Zahl: "))
except NameError:
        print("Eingabe fehlerhaft...")
        continue
```

Unser Programm läuft jetzt fehlerfrei, auch dann, wenn wir statt einer Zahl einen Buchstaben eingeben.

Konsolenausgabe:

```
Bitte gib drei Zahlen ein
1. Zahl: 3.3
2. Zahl: t
Eingabe fehlerhaft...
2. Zahl: 5
3. Zahl: 5.8
Summe: 14.100000000000001
Durchschnitt: 4.7
```

Probleme können aber nach wie vor dann entstehen, wenn wir statt einer Zahl oder einem Buchstaben ein Sonderzeichen, beispielsweise ein #-Zeichen eingeben. Diese Eingabe erzeugt nämlich keinen NameError, sondern einen SyntaxError, wie sich aus der Fehlermeldung ergibt:

```
D:\Python\python.exe D:/PyCharm/PycharmProjects/PythonTutorial/fehlerbehandlung/fehlerarten.py
Bitte gib drei Zahlen ein
1. Zahl: #
Traceback (most recent call last):
  File "D:/PyCharm/PycharmProjects/PythonTutorial/fehlerbehandlung/fehlerarten.py", line 10, in <module>
    summe += eval(input((str)(i) + ". Zahl: "))
  File "<string>", line 1
    #
     ^
SyntaxError: unexpected EOF while parsing
```

Den SyntaxError können wir auf verschiedene Arten in unsere Fehlerbehandlung miteinbeziehen. Entweder wir programmieren hierfür einen zusätzlichen except-Block, in dem wir diesen Fehler spezieller behandeln, beispielsweise die Konsolenausgabe modifizieren. Unser Fehlerbehandlungskonstrukt sieht dann wie folgt aus:

```python
try:
        summe += eval(input((str)(i) + ". Zahl: "))
except NameError:
        print("Eingabe fehlerhaft...")
        continue
except SyntaxError:
        print("Eingabe fehlerhaft... Bitte keine Sonderzeichen eingeben!")
        continue
```

Konsolenausgabe:

```
Bitte gib drei Zahlen ein
1. Zahl: 3.5
2. Zahl: 5.1
3. Zahl: t
Eingabe fehlerhaft...
3. Zahl: #
Eingabe fehlerhaft... Bitte keine Sonderzeichen eingeben!
3. Zahl: 7
Summe: 15.6
Durchschnitt: 5.2
```

Ebenso können wir den SyntaxError im gleichen except-Block ausdrücklich nennen und dabei die gleichen Anweisungen vorsehen, wie für den NameError:

```python
try:
        summe += eval(input((str)(i) + ". Zahl: "))
except (NameError, SyntaxError):
        print("Eingabe fehlerhaft...")
        continue
```

Konsolenausgabe:

```
Bitte gib drei Zahlen ein
1. Zahl: 3.5
2. Zahl: 5.1
3. Zahl: t
Eingabe fehlerhaft...
3. Zahl: #
Eingabe fehlerhaft...
3. Zahl: 7
Summe: 15.6
Durchschnitt: 5.2
```

Ebenso ist es möglich, keinen konkreten Fehler nach dem Schlüsselwort except zu nennen. Damit sind alle Fehler abgedeckt. Folgender Code erzeugt bei jedem Fehler die gleiche Ausgabeanweisung und führt zur Wiederholung der Schleife:

```python
try:
        summe += eval(input((str)(i) + ". Zahl: "))
except:
        print("Eingabe fehlerhaft...")
        continue
```

Ansonsten ist es beispielsweise auch möglich, für bestimmte Fehlerarten bestimmte Folgen vorzusehen und am Schluss einen allgemeingültigen except-Block zu programmieren, der dann alle nicht vorhergesehenen Fehler abdecken soll, wie in diesem Beispiel:

```python
try:
        summe += eval(input((str)(i) + ". Zahl: "))
except NameError:
        print("Eingabe fehlerhaft... Bitte keine Buchstaben eingeben!")
        continue
except:
        print("Eingabe fehlerhaft...")
        continue
```

Konsolenausgabe:

```
Bitte gib drei Zahlen ein
1. Zahl: 3
2. Zahl: t
Eingabe fehlerhaft... Bitte keine Buchstaben eingeben!
2. Zahl: #
Eingabe fehlerhaft...
2. Zahl: 4
3. Zahl: 6
Summe: 13
Durchschnitt: 4.333333333333333
```

Statt oder neben except-Blöcken können auch finally-Blöcke programmiert werden. Finally-Blöcke werden grundsätzlich dafür genutzt, Ressourcen freizugeben, beispielsweise durch Schließen von Dateien oder Datenbankverbindungen oder durch das Zerstören eines Objekts. Der im finally-Block enthaltene Code wird dabei immer ausgeführt, egal ob ein Fehler entstanden ist oder nicht.

9.4 Semantikfehler beheben, Debug-Modus

Fehler in der Programmlogik sind schnell passiert, aber vergleichsweise schwierig zu finden. Hier hilft es in den meisten Fällen nur, das Programm intensiv auf die richtigen Programmergebnisse zu testen.

Eine Methode hierfür ist, das Programm selbst auszuführen und die entsprechenden Ergebnisse ausgeben zu lassen. Wir machen das, nachdem wir in die Schleifenbedingung den logischen Fehler einbauen, dass die Schleife so lange weiterläuft, wie „i <= 4" ist:

```
while i <= 4:
    ...
```

Wenn wir im Programm drei Mal eine Zahl eingeben, stellen wir schon bei der nächsten Anweisung, die 4. Zahl einzugeben, fest, dass hier etwas nicht ganz richtig laufen kann. Am Ende stellen wir fest, dass der errechnete Durchschnitt (als Folge des ersten logischen Fehlers) ebenso nicht stimmt:

Konsolenausgabe:

```
Bitte gib drei Zahlen ein
1. Zahl: 3
2. Zahl: 3
3. Zahl: 3
4. Zahl: 3
Summe: 12
Durchschnitt: 4.0
```

Um Semantikfehler zu finden, bietet sich auch das „Debugging" an. Damit ist ein besonderer Modus des Programmablaufs gemeint, der speziell dafür da ist, Fehler zu finden und zu beheben. Das Debugging ist nicht nur für die Behebung von Semantikfehlern, sondern für alle Fehlerarten bestimmt. Entwicklungsumgebungen bieten Debug-Modi für die Fehlerbehandlung an. Dabei geht es im Wesentlichen darum, das Programm nicht in einem Durchlauf zu beenden, sondern durch Zwischenschritte besser zu erkennen, wo sich Fehler befinden können.

In PyCharm können wir den Debug-Modus starten, indem wir auf das Käfer-Symbol neben dem Pfeil-Symbol oben rechts in der Entwicklungsumgebung klicken oder unter dem Menüpunkt „Run", „Debug…". Wenn wir den Debug-Modus für unser Programm ausführen, stellen wir fest, dass sich der Konsoleninhalt vor allem optisch von dem des normalen Programmablaufs unterscheidet. Wesentliche Unterschiede zum normalen Programmablauf ergeben sich hier aber (noch) nicht:

Der Debug-Modus ermöglicht es aber, unser Programm in Einzelschritten zu durchlaufen. Dazu können wir an bestimmten Codezeilen, bei denen wichtige Programmabläufe stattfinden, Haltepunkte (Breakpoints) setzen. In PyCharm können wir einen Breakpoint durch einen Mausklick links neben die betreffende Codezeile bestimmen. Wir legen einen Breakpoint neben der Codezeile für den Kopf der While-Schleife fest. Neben dieser Codezeile befindet sich danach ein roter Punkt und die Codezeile selbst wird rot markiert:

Den Breakpoint können wir genauso einfach entfernen, wie wir ihn festgelegt haben, nämlich indem wir noch einmal neben die gleiche Codezeile klicken. In unseren Code können wir auch mehrere Breakpoints festlegen.

Wenn wir jetzt den Debug-Modus starten, landen wir im Debug-Editor gleich im Reiter „Debugger", nicht wie vorher in der Konsole („Console"). In diesem Fenster werden die Variablen und deren Werte im Verlauf des Programmes angezeigt, sodass wir deren Richtigkeit während des Programmdurchlaufs besser nachvollziehen können. Außerdem stehen jetzt Schaltflächen zur Verfügung, mit denen wir unser Programm jetzt u. a. in Einzelschritten durchlaufen können. Hier ist das der Button für den Befehl „Step Over", den wir auch mit der Taste F8 auslösen können:

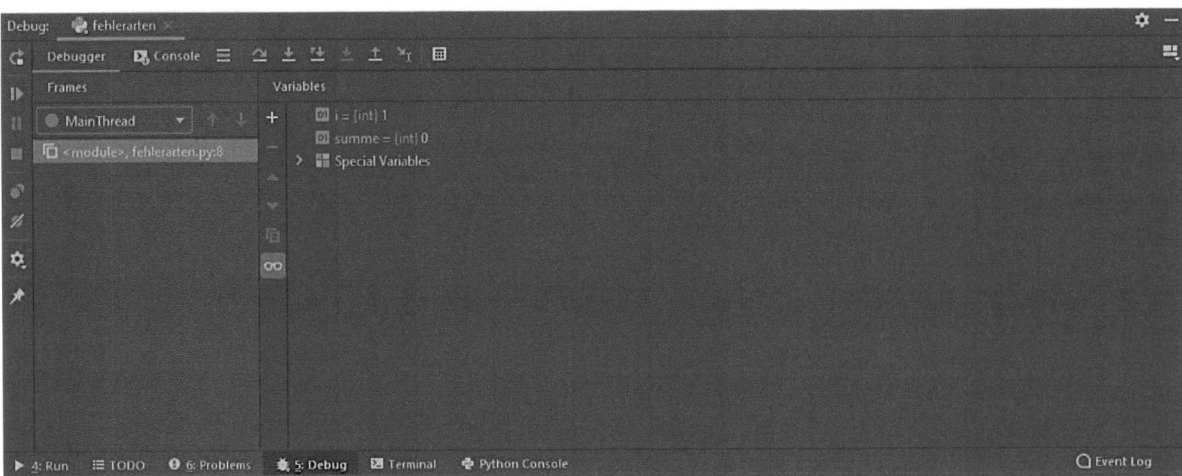

Wenn wir drei Einzelschritte weiter gehen, landen wir bei der Codezeile, in der wir eine Zahl eingeben müssen, die anschließend der Summe hinzugefügt wird. Hier müssen wir wieder in unsere Konsole, zu der wir mit dem Reiter „Console" gelangen und geben eine erste Zahl ein.

Wenn wir unser Programm weiter in Einzelschritten durchlaufen, stellen wir (spätestens hier) fest, dass die Einzelschritte nicht wirklich vom Breakpoint abhängen. Der nächste Einzelschritt ist in unserem Programm nämlich die Erhöhung der Zählvariable „i" um den Wert 1. Außerdem stellen wir fest, dass im Debug-Modus die Zwischenwerte der Variablen „summe" und „i" rechts neben der Initialisierung grau hinterlegt stehen, und zwar im Quellcode selbst. Die Folgen der Zwischenberechnungen können wir damit ebenso besser nachvollziehen:

```
4
5      summe = 0   summe: 3
6      i   1  i: 2
7      # Logischer Fehler, wenn Schleifenbedingung i <= 4
8   ○  ⊟ while i   4
9          # Laufzeitfehler, wenn Buchstabe oder Sonderzeichen eingegeben
10          try:
11              summe += eval(input((str)(i) + ". Zahl: "))
```

Nachdem wir das Prinzip verstanden haben, können wir den weiteren Programmdurchlauf beschleunigen, indem wir den Befehl „Step Out" verwenden; entweder durch Klick auf den Button vier Buttons rechts neben dem „Step Over"-Button oder durch die Tastenkombination Umschalt+F8. Dann hält unser Programmablauf nur noch am Breakpoint und an der Codezeile, die die Eingabe der nächsten Zahl verarbeitet:

```
▶ Console ≡ | ⌂ ⌄ ↓ ⌄↓ ↓ ↑ ↦ | ▦
thon\python.exe "D:\PyCharm\PyCharm Community
debugger: process 11716 is  Step Out Umschalt+F8
```

Unsere korrigierte Zeile Code:

```
while i < 4:
```

Für unser relativ überschaubares Programm benötigen wir zwar grundsätzlich kein größeres Debugging mit vielen Breakpoints und Programmdurchläufen. Je umfangreicher ein Programm aber ist, desto eher können die Möglichkeiten im Debug-Modus aber dabei helfen, den Programmablauf besser analysieren und Fehlerquellen schon im Ursprung erkennen und beheben zu können.

Die beste Art, Semantikfehler zu vermeiden, ist aber meiner Meinung nach ganz einfach die, schon während der Programmierung den korrekten Ablauf immer wieder „zwischendurch" zu testen. Wenn wir ein umfangreicheres Programm schreiben, sollten wir also nicht erst am Ende (etwa nach der 12.000. Zeile Code z. B.) prüfen, ob alles funktioniert, wie wir uns das vorgestellt haben. Dann nämlich stellen wir zwei Dinge garantiert fest, nämlich erstens, dass nicht alles funktioniert, wie wir uns das vorgestellt haben und zweitens, dass die Ursachenfindung viel mehr Zeit (und Nerven) kosten wird. Wenn wir aber doch einmal in eine solche Situation geraten, vielleicht auch weil wir den Code eines Kollegen oder Freundes überprüfen sollen, bringt uns der Debug-Modus weiter.

10 Stichwortverzeichnis

.

.format()..61

@

@property 92
@staticmethod 90

_

__init__...88

A

and 46

B

break...50

C

CamelCase 24
class 87
continue...50

D

Datentyp 19
def...71
Deklaration 19

E

elif...44
else..43
except 133

F

f 61
finally 135
for 48

G

getter 91
global 80

I

if 43
in 46, 49
Initialisierung 19
Instanz 89

K

Kommentar 17
Konsolenausgabe 14

N

not 45
Nutzereingabe 20

O

or 46

P

Parameter 72

R

return...72

S

self 88
setter 91
Snake_Case 24
super()..94

T

try 133
Typumwandlung 22

V

Variablen..19

W

while 47